AF368878

LES DELICES DES CESARS, D'APRES UNE SUITE DE PIERRES GRAVEES SOUS LEUR REGNE.
A CAPREES CHEZ SABELLUS.

MONUMENS

DE

LA VIE PRIVÉE

DES

DOUZE CESARS,

D'APRÈS UNE SUITE

DE

PIERRES GRAVÉES SOUS LEUR RÈGNE.

A CAPRÉES

CHEZ SABELLUS.

M. DCC. LXXX.

PREFACE

DE L'EDITEUR.

UN long féjour à Rome m'ayant mis à même de vifiter avec la plus grande exactitude les magnifiques collections de monumens antiques de tous les genres, raffemblées dans les palais de la plupart des Princes Romains, je fus furpris d'y en trouver un grand nombre dont aucun auteur n'a fait mention, & principalement de ceux qui repréfentent des anecdotes fatyriques du règne des premiers Empereurs, ou de ces fcènes de débauche fi fcandaleufes décrites avec tant d'énergie par les auteurs contemporains.

A la vue de tant de morceaux que leur beauté & leur rareté peuvent faire regarder comme le monument le plus précieux de la perfection inimitable du travail des anciens, je fentis quel fervice je rendrois aux connoiffeurs éclairés, & aux amateurs de la belle antiquité, fi je pouvois réuffir à les mettre au grand jour.

a ij

Mais les difficultés que j'éprouvai de la part des poſſeſſeurs de ces tréſors pour en avoir des copies, me firent comprendre pourquoi tant de monumens étoient reſtés inconnus juſqu'à préſent : c'eſt que ſi leur perfection eſt telle, qu'on ſoit charmé de les poſſéder & de les acquérir à tout prix, les objets que la plupart repréſentent ſont en même temps de telle nature que ſouvent on rougit de les montrer, ou d'avouer qu'on les poſsède : cependant l'amitié dont ils m'honoroient ébranla leur délicateſſe, & la promeſſe ſolemnelle que je leur fis de cacher à jamais la ſource d'où je les avois tiré, me procura enfin la per-miſſion d'en faire l'uſage que je jugerois à propos.

Je ne fus plus alors embarraſſé que du choix ; mais pour ne pas entreprendre un ouvrage au-deſſus de mes forces, je me bornai à choiſir parmi les plus belles pierres celles qui font alluſion à des traits de la vie publique ou particulière des douze premiers Céſars, afin de donner, dans une eſpèce de galerie, une ſuite de tableaux qui repréſenteroient leurs plaiſirs, leurs paſſions, & ſur-tout leurs débauches. Perſonne n'ignore quelle fut leur dépravation & leur luxe ; & tant d'auteurs ont écrit l'hiſtoire ſcandaleuſe de leurs vies, & détaillé la corruption qui régnoit dans leurs cours, que la vue de ces monumens que j'offre aux Lecteurs ne leur apprendra rien de nouveau : mais quelle idée n'en prendront-ils pas de l'excellence du travail des anciens artiſtes, qui, comme on a eu ſouvent lieu de l'obſerver, ne déployoient jamais tant de force & de délicateſſe que dans les ſujets ſatyriques ou voluptueux ?

La plupart ſont des camées très-bien conſervés, auxquels j'ai joint quelques médailles & quelques peintures dont les ſujets étoient relatifs à mon plan : les deſſins qui en ont été tirés ſont très-exacts, & l'artiſte diſtingué, qui a bien voulu employer ſes talens à les graver, a rendu les copies avec une vérité & une fidélité dont les ſeuls connoiſſeurs de l'antique ſont en état de ſentir le prix.

J'ai donné une courte explication de chaque
fujet, où je cite les paffages des anciens auteurs
auxquels l'antique fait allufion, ou qui rapportent
l'anecdote qui a donné lieu à la gravure , &
je me fuis contenté d'y ajouter ce que les auteurs
les plus célèbres & fur-tout les poëtes nous ont
laiffé de relatif au fujet traité dans le monument.

L'on fera peut-être furpris en parcourant ces
explications de n'y point trouver cet étalage
d'érudition & de critique avec lequel la foule
des commentateurs prétend éclaircir, & dans
le fait , obfcurcit bien fouvent les monumens
de l'antiquité : effectivement l'on n'y trouvera
pas la plus légère difcuffion fur la vérité des
anecdotes que ceux-ci repréfentent, ni aucune
particularité fur les artiftes qui nous les ont
tranfmis : laiffant aux commentateurs de Velleius
Paterculus, de Suétone & de Tacite le foin
de vérifier les faits , je les préfente comme
avérés & authentiques ; & fans me tourmenter
à chercher pourquoi Pline , dans le chapitre
de fon hiftoire naturelle où il parle des excellens
artiftes en tous genres , ne fait pas mention de

la plupart des graveurs que je cite , je me
contente de préfenter des monumens de leur
habileté qui prouvent affez que Pline. ne s'eft
pas piqué de la plus grande exactitude.

Il eft aifé de fentir que des fujets tels que
ceux-ci n'étoient pas fufceptibles d'un commentaire bien févère ; mais fi je me fuis écarté
de la méthode qu'auroient fuivie les Scaliger
& les Saumaife , j'efpère qu'on me faura gré
de m'être pareillement écarté de celle qu'auroit
vraifemblablement fuivi l'Aretin , & qui auroit
peut-être paru à beaucoup de Lecteurs plus
analogue au fujet : je n'ai pas eu la fotte préten-
tion d'inftruire perfonne , je n'ai point deftiné
cet ouvrage *ad ufum* d'aucun Prince , encore
moins d'aucune Princeffe, je n'ai voulu qu'amufer un moment les gens de goût; & fi quelque
cenfeur , ennemi des beaux arts & des plaifirs,
me blâmoit d'avoir mis au jour cet ouvrage,
& d'avoir tiré de leur obfcurité ces monumens
que je préfente ici, fans chercher à me juftifier
par les commentaires & les traductions fans
nombre qu'on a donné de Pétrone , d'Ovide,

de Martial & de Juvénal , je demande grace
en faveur de ce qu'il y a de véritablement utile
dans mon ouvrage ; c'eſt l'hiſtoire des moeurs,
des rites & des coutumes qui y eſt détaillée
avec tout le ſoin poſſible : c'eſt la peinture
que j'y ai tracée de l'abus que ces premiers
Empereurs , trop bien imités par leurs ſuccef-
ſeurs, faiſoient de la puiſſance redoutable dont
ils étoient revêtus: c'eſt l'eſclavage d'un peuple
libre , l'humiliation des conquérans de la terre,
& l'affreuſe dépravation qui s'introduiſit dans la
patrie des Fabricius & des Catons , & qui
bientôt ſe répandit dans tout l'empire. Je puis
aſſurer que j'ai ſuivi toutes ces viciſſitudes , &
que je n'ai rien négligé de ce qui pouvoit être
digne d'être remarqué.

TABLE

TABLE

DES PLANCHES.

Nota. Il y a une feuille d'explications pour chaque Planche numérotée , à l'exception de la Planche *N.* 38 qui a une explication commune avec la Planche *N.* 37.

LE Temple des Grâces. Frontispice.

N. I. *Céfar à la cour de Nicomède.* Médaille.

II. *Céfar à qui Servilie préfente fa fille Tertia.* Camée d'Arellius Romain.

III. *La femme de Céfar avec Clodius.* Médaille.

IV. *Céfar met une couronne fur la tête de Cléopatre.* Camée d'Arellius.

V. *Céfar avec une couronne allégorique.* Camée d'Arellius.

VI. *Augufte & fon grand-oncle Céfar.* Camée d'Arellius.

VII. *Augufte & Livie.* Camée d'Apollonius de Sicyone.

VIII. *Augufte avec fa fille Julie.* Camée d'Apollonius.

IX. *Augufte à qui Livie préfente deux jeunes filles.* Camée d'Artemon de Rhodes.

X. *Augufte fous l'habit d'Apollon , foupe avec fix Déeffes.* Camée d'Epitincanus d'Athènes.

N. XI. *Marc Antoine & Cléopatre sur un vaisseau.* Médaille.

XII. *Cléopatre, à table avec Marc Antoine, avale une perle.* Camée d'Artemon.

XIII. *Marc Antoine habillé en Hercule, & la danseuse Cythéris en Iole.* Camée d'Arellius.

XIV. *Auguste avec Fulvie femme de Marc Antoine.* Camée d'Arellius.

XV. *Auguste avec la femme de Mécène, qui fait semblant de dormir.* Camée d'Arellius.

XVI. *Tibère avec ses mignons & ses femmes.* Médaille.

XVII. *Tibère dans son jardin.* Peinture antique.

XVIII. *Tibère nage entouré d'enfans.* Peinture antique.

XIX. *Tibère & le tableau d'Atalante & de Méléagre.* Camée de Lysias de Corinthe.

XX. *Tibère assiste à un sacrifice, & s'enflamme pour deux jeunes hommes.* Camée de Lysias.

XXI. *Tibère assis avec une troupe de femmes perdues.* Camée de Térence affranchi.

XXII. *Tibère & Mallonie.* Médaille.

XXIII. *Caligula couché avec sa soeur Drusille.* Médaille.

XXIV. *Caligula au milieu de ses trois soeurs.* Médaille.

XXV. *Caligula devient amoureux de la femme de Pison.* Médaille.

XXVI. *Caligula fait voir Césonia toute nue à ses amis.* Camée d'Apollodore de Messène.

N. XXVII. *Caligula au milieu de deux jeunes gens, &c.* Médaille.

XXVIII. *Caligula donne le mot de guerre à Caſſius Cherea.* Camée d'Apollodore.

XXIX. *Meſſaline femme de Claude épouſe Silius.* Méd.

XXX. *Meſſaline ſe déguiſe pour aller dans un mauvais lieu.* Camée de Craterus grec de nation.

XXXI. *Meſſaline conſacre à Priape quatorʒe couronnes de myrthe.* Camée de Pythodore de Tralles.

XXXII. *Néron abuſe de la veſtale Rubiria.* Camée d'Epitincanus.

XXXIII. *Néron en chaiſe avec ſa mère Agrippine.* Médaille.

XXXIV. *Néron épouſe Sporus.* Médaille.

XXXV. *Néron en fille, & Diophorus.* Camée de Craterus.

XXXVI. *Néron, une femme & trois mignons.* Camée de Pythodore.

{ XXXVII. *Néron ſort de la grotte de l'amphithéatre couvert d'une peau d'ours.* Camée de Craterus.

XXXVIII. *Néron & Doryphorus.* Médaille. }

XXXIX. *Agrippine offre ſes charmes à ſon fils.* Camée de Néron affranchi.

XL. *Othon avec une vieille & Néron.* Camée de Parthénius d'Athènes.

xij **TABLE DES PLANCHES.**

N. XLI. *Othon & Néron à table avec Poppée.* Peinture antique.

XLII. *Othon préſente ſa femme Poppée à Néron.* Camée de Parthénius.

XLIII. *Othon & Néron à table ſervis par des filles & des garçons tout nus.* Camée de Pythodore.

XLIV. *Vitellius jeune encore avec Tibère.* Camée de Craterus.

XLV. *Vitellius & Aſiaticus ſon affranchi.* Camée de Parthénius.

XLVI. *Titus à table avec la Reine Bérénice.* Camée de l'affranchi Néron.

XLVII. *Titus faiſant ſes adieux à la Reine Bérénice.* Médaille.

XLVIII. *Domitien entre Domitia ſa femme, & Julie ſa nièce.* Camée de Parthénius.

XLIX. *Domitien aux genoux de Julie.* Médaille.

L. *Domitien qui nage au milieu d'une troupe de femmes.* Peinture antique.

Fin de la Table.

N. I.

N. I.

Céſar, jeune encore, à la cour de Nicomède, roi de Bithynie.

Médaille.

PERSONNE n'ignore que Céſar fut peut-être le plus grand homme que Rome ait produit: grand général, guerrier intrépide, génie vaſte & entreprenant, écrivain délicat, politique ſublime, orateur véhément, il réunit toutes les qualités & tous les talens. Il fut de plus parfaitement bien fait, magnifique, libéral, très-galant, auſſi étoit-il l'idole de toutes les dames romaines, dont les amans & les maris ne le craignoient pas moins que ſes ennemis; & l'on diſoit aſſez communément de lui, qu'il étoit le mari de toutes les femmes, & la femme de tous les maris. Ce bon mot de Curion étoit ſur-tout fondé ſur l'hiſtoire déshonorante, que des ennemis de Céſar firent graver probable-ment ſur cette médaille. Céſar, étant encore jeune, vint à la cour de Nicomède, roi de Bithynie; il avoit beſoin de ce prince, &, pour gagner ſes bonnes graces, il n'eut pas honte de lui proſtituer la fleur de ſa jeuneſſe. Ciceron, dans une lettre, décrit cette ſcène

N. 1.

de débauche : *A ſatellitibus in cubiculum regium eductus, in aureo lecto, veſte purpureâ decubuiſſe, accepimus*, dit-il, *floremque aetatis à venere orti in Bithynia contaminatum.* Les Romains, quoique très-paſſionnés pour ce genre de débauche, ne la pardonnèrent jamais à Céſar. Licinius Calvus afficha publiquement les vers ſuivans :

Bithynia quidquid
Et paedicator Caeſaris umquam habuit.

Dolabella & Curion le père l'appelloient *pellicem reginae, ſpondam interiorem regiae lecticae, ſtabulum Nicomedis, & bithynicum fornicem.* Ciceron ne ceſſe de plaiſanter là-deſſus ; & un jour que Céſar défendoit avec beaucoup de chaleur la cauſe de Nyſa fille de Nicomède, & qu'il rappelloit tous les bienfaits dont ce prince l'avoit comblé, il l'interrompit en lui diſant, *remove iſtaec oro te : quando notum eſt, & quid ille tibi, & quid illi tu dederis.* Mais ce qui flétrira dans tous les ſiècles le nom de ce grand empereur, ce ſont ces vers de Catulle :

Pulchre convenit improbis cinaedis
Mamurrae pathicoque, Caeſarique ;
Nec mirum : maculae pares utriſque,
Urbana altera, & illa formiana,
Impreſſae reſident, nec eluentur.
Morboſi pariter, gemelli utrique,
Uno in lectulo, erudituli ambo :

Non hic , quam ille , magis vorax adulter :
Rivales focii puellularum.
Pulchre convenit improbis cinaedis.

Le même poëte s'étoit déja déchaîné contre César dans cette autre épigramme :

Quis hoc poteft videre , quis poteft pati , &c.

Et ce prince avouoit que Catulle *verficulis de Mamurra fibi perpetua ftigmata impofuerat.* Cependant il lui pardonna , & fur une légère excufe , il l'invita à fouper chez lui le même jour. Ceci eft une preuve de la bonté de Céfar, & de la liberté qui régnoit à Rome ; mais rien ne peut nous en donner une idée plus jufte que les couplets méchans qui étoient chantés publiquement par les foldats pendant qu'ils fuivoient le char du vainqueur le jour qu'il triompha des Gaules :

Gallias Caefar fubegit , Nicomedes Caefarem :
Ecce Caefar nunc triumphat , qui fubegit gallias :
Nicomedes non triumphat , qui fubegit Caefarem.

Le talent de la fatyre fut particulier aux Romains : *Satyra quidem tota noftra eft* , difoit Quintilien. Perfonne n'étoit épargné fur-tout au théatre , où les mimes lançoient des traits contre tout le monde : Laberius s'y diftingua , & partagea avec Publius Syrus les applaudiffemens de Rome. Ce dernier étoit préféré par

Céfar que l'extrême liberté de Laberius piquoit jufqu'au vif. Ce furent les vers fuivans que Laberius déclama lui-même, qui bleffèrent le dictateur, cependant il les récompenfa :

> Porrò Quirites ! libertatem perdimus :
> Neceffe eft multos timeat, quem multi timent :
> Summum ad gradum quum claritatis veneris
> Confiftes aegre, & citius quam afcendifti decides.
>
> (*Laber. frag.*)

N. II.

Céſar à qui Servilie préſente ſa fille Tertia.

Camée d'Arellius, romain.

CESAR étoit ardent dans les plaiſirs, & l'argent ne lui coûtoit rien pour ſatisfaire le penchant qui l'y entraînoit : les femmes les plus diſtinguées étoient celles qu'il ſe faiſoit gloire de ſéduire; telles furent Poſtumia femme de Servius Sulpitius, Lollia femme d'Aulus Gabinius, Tertulla de Marcus Craſſus, & Mucia femme du grand Pompée, lequel en gémiſſant appelloit Céſar l'Egiſte de ſa maiſon : mais celle qui eut toujours la préférence, & qu'il aima le plus conſtamment, ce fut Servilie ſoeur de Caton, & mere de M. Brutus. L'on raconte qu'un jour étant au ſénat au moment où l'on y délibéroit ſur la conjuration de Catilina, on lui remit un billet avec beaucoup de myſtère, mais pas aſſez ſecrétement pour que Caton ne s'en apperçût; & comme il étoit un peu ſuſpect, Caton très-rigide exigea qu'on lût ce papier publiquement : Céſar voyant après beaucoup de difficultés qu'il ne pouvoit vaincre l'obſtination de Caton le lui donna;

N. 2.

celui-ci fut bien furpris d'y trouver, au lieu des détails fur la conjuration, une lettre galante & d'y voir le nom de fa foeur, il rougit, & le rendant à Céfar « tiens ivrogne » lui dit-il tout en colère. Malgré les fréquentes infidélités que Céfar faifoit à Servilie, il lui fut toujours tendrement attaché, il lui fit préfent pendant fon dernier confulat d'une perle eftimée fix millions de fefterces, & après la guerre civile il lui fit adjuger, à un prix très-modique, des terres confidérables confifquées fur les profcrits : tout le monde étoit furpris d'une telle prodigalité envers une femme de fon âge; & ce fut alors que Ciceron dit très-fpirituellement: *Quo melius emptum fciatis ; Tertia dedutta eft.* C'eft que le bruit couroit que Servilie, ne fe fiant plus à fes charmes, & craignant de perdre fon amant, lui avoit préfenté fa fille Tertia qui étoit une beauté parfaite, & à qui Céfar donna les premières leçons de la volupté.

Scilicet exfpectas , ut tradat mater honeftos,
Atque alios mores , quàm quos habet?
(*Juven. Sat.* 6.)

Sans doute que Céfar , paffionné pour toutes fortes de plaifirs , ne s'en tint pas toujours à la jouiffance des femmes mariées , & qu'il voulut connoître auffi celui de donner les

premières leçons du plaifir amoureux aux filles
de fes amies: bien éloigné de penfer là-deffus,
& peut-être fur bien d'autres points, comme
un auteur célèbre, (l'auteur d'Emile) il croyoit
que ce qui, dans tous les temps & dans tous les
pays, a été regardé comme le comble de la
volupté, ne pouvoit être qu'une voix de la
nature, *& non de l'opinion*, *& de l'opinion la
plus vile*, & vraifemblablement le goût du plus
voluptueux des Romains aura plus de partifans
que celui du philofophe de Genève. Parmi une
foule d'anciens & de modernes, qui ont été
de l'avis de Céfar & qui ont effayé de décrire
un moment fi plein de charmes, aucun, felon
nous, n'approche de Mufée dans fon admirable
poëme de Léandre & Héro, qu'il faudroit lire
en entier dans l'original. Cet amant, après
avoir plaidé fa caufe & celle de fon amour
avec une éloquence enflammée, parvint enfin
à perfuader fa belle maîtreffe.

Sic fatus perfuafit recufantis mentem puellae
Animum amoriperis errare faciens verbis :
Virgo autem muta in terram fixit afpectum
Pudore rubefactam abfcondens genam,
Et terrae trivit fummitatem in veftigiis : cum pudore autem
Saepe circa humeros fuam contraxit veftem,
Perfuafionis etiam haec omnia praenuntia : virginis autem
Perfuafae ad lectum promiffio eft filentium. . . . . . .

Urebatur autem cor dulci igni virgo hero......

Sic quidem clandeſtinis nuptiis conſtituebant miſceri.....

A ſe invicem ſeparati ſunt neceſſitate......

Totamque noctem conjugum clandeſtina deſiderantes certamina

Saepe optarunt venire cubiculum ornantem noctem......

Léandre ſe met en mer, il arrive tout eſſoufflé, tout mouillé : Héro l'embraſſe,

Adhuc autem anhelantem altè ſtratis in lectis

Sponſum circumfuſa blanda emiſit verba.....

Elle le conſole , lui fait mille tendres careſſes

Sic illa locuta eſt , ille verò ſtatim ſolvit zonam

Et leges inierunt benevolae Veneris .... &c. &c.

N. III.

La femme de Céſar avec Clodius,
qui, habillé en femme, pénétra
dans la maiſon où l'on célébroit
les myſtères de la bonne Déeſſe.

Médaille.

Une des plus célèbres aventures du temps de Céſar, ce fut l'hiſtoire de Pompéia ſa femme & de Clodius, qui fait le ſujet de cette belle médaille. Clodius étoit un jeune romain de la plus haute naiſſance, & de la plus belle figure ; mais d'une pétulance ſi effrénée, & ſi déréglé dans ſes mœurs, qu'il étoit publiquement accuſé d'abuſer de ſes trois ſoeurs. Il étoit devenu amoureux de Pompéia femme de Céſar, qui ne le haïſſoit pas, mais elle étoit gardée à vue par Aurélie ſa belle-mère, & les deux amans ſe conſumoient en deſirs inutiles : aucune de leurs tentatives n'ayant réuſſi, l'amour leur ſuggéra un ſtratagème dont jamais on ne s'étoit aviſé. Tout le monde ſait que les ſacrifices de la bonne Déeſſe étoient ſi reſpectés des Romains, que les ſeules matrones avoient le droit de les célébrer, & qu'il n'étoit permis à aucun homme de s'en mêler ; on chaſſoit même de la maiſon où l'on les célébroit ; tout animal qui n'étoit pas femelle , & l'on pouſſoit le ſcrupule au point de couvrir tous les tableaux & les ſtatues. Clodius , jeune , beau , & ſans barbe , s'habilla en femme , & à l'heure convenue il ſe préſenta à la porte de la maiſon de Céſar où les Dames étoient aſſemblées pour la fête. Une femme de chambre de Pompéia que les amans avoient mis dans leur confidence , ſe trouva à la porte pour le recevoir : il fut introduit ; & pendant que cette femme le quitta pour aller avertir ſa maîtreſſe , Clodius impatient voulut pénétrer plus avant , mais il fut rencontré par une femme d'Aurélie , qui , le prenant pour une perſonne de ſon ſexe , voulut badiner avec lui : Clodius ſe trouble , l'autre ſe doute de quelque choſe , le queſtionne , & le voyant interdit , le fait enfin parler ; alors ſon trouble & ſa voix le trahirent , & il fut découvert. Les matrones effrayées d'une telle hardieſſe & d'une profanation ſi ſacrilège , couvrent d'un voile l'autel de la Déeſſe , chaſſent Clodius avec toutes ſortes d'imprécations , & ſortant de la maiſon , elles allèrent révéler cette horreur à leurs maris. Le ſcandale & l'indignation furent ſi grands , qu'on accuſa auſſi-tôt Clodius , & il auroit sûrement fuccombé fans l'affiftance de Pompée & de Céfar lui-même, qui déclara qu'il n'avoit aucune connoiffance de cette affaire, mais qui cependant répudia Pompéia peu de temps après ; & comme fes amis lui demandoient pourquoi il répudioit fa femme s'il la croyoit innocente, ce fut alors qu'il leur fit cette célèbre réponfe « que la femme de Céfar ne » devoit pas même être foupçonnée ».

Ces facrifices de la bonne Déeffe furent, dans leur première inftitution, ce qu'il y avoit à Rome de plus refpectable ; mais peu à peu les moeurs dégénérèrent, & ces affemblées nocturnes ne fervirent plus qu'à couvrir les dérégle- mens des femmes ; & la dépravation fut telle que, lors même qu'on célébroit ces facrifices dans la maifon du grand Pontife, du Conful, ou du Préteur avec toutes les folemnités accoutumées, & que les matrones y étoient affemblées pour prier pour la république & l'empire, l'on en abufoit à l'exemple de Clodius & de Pompéia.

Atque utinam ritus veteres & publica faltem
His intacta malis agerentur facra ! fed omnes
Noverunt mauri atque indi, quae pfaltria penem
Majorem quam funt duo Caefaris anticatones
Illuc, tefticuli fibi confcius unde fugit mus,
Intulerit, ubi velari pictura jubetur,
Quaecumque alterius fexus imitata figuram eft.

Et quis tunc hominum contemtor numinis ? aut quis
Simpuvium ridere Numae , nigrumque catinum ,
Et Vaticano fragiles de monte patellas
Aufus erat ? Sed nunc ad quas non Clodius aras ?
(*Juven. Sat. 6.*)

On a soupçonné avec raison que cette bonne Déesse des Romains étoit la Vénus Uranie ou céleste des Grecs : Pausanias rapporte que *Aegiratae prae ceteris Diis religiosissimè celestem Venerem colunt, in cujus aedem penetrare viris nefas.*

Le vin étoit défendu dans les fêtes d'Uranie aussi bien qu'à celles de la bonne Déesse ; & Selden dans son ouvrage sur les Dieux des Syriens , nous fait remarquer les mêmes cérémonies , les mêmes formules , la même décence qui régna au commencement dans les sacrifices de la Vénus céleste , & puis l'affreuse profanation qui s'y glissa & toutes les horreurs qui s'y commettoient , comme il arriva à Rome à l'égard de la bonne Déesse :

Damnosa quid non imminuit dies ? (*Horat.*)

Il faut lire dans Apulée , & sur-tout au livre VIII de ses transformations , l'histoire des crimes , des honteuses débauches , & de tous les excès des prêtres de la Déesse Syrienne ; leurs fêtes , leurs sacrifices & leur temple n'étoient qu'abominations & désordres.

O sanctas gentes !

N. IV.

César met une couronne sur la tête de Cléopatre, qui lui offre ses charmes.

CESAR fit la guerre pendant dix ans dans les Gaules : ſes premières expéditions militaires , ſes emplois , & la guerre civile l'obligèrent de paſſer un temps très-conſidérable loin des délices de Rome & des maîtreſſes qu'il y avoit ; mais un homme auſſi bien fait & auſſi galant, ne pouvoit vivre ſans amour & ſans faire des conquêtes : par-tout où ſa haute deſtinée l'en-traînoit , par-tout où il porta la guerre il triompha de ſes ennemis & des belles , & ſes ſoldats l'en plaiſantoient fort librement dans le temps qu'ils ſuivoient ſon char de triomphe après la conquête des Gaules.

> Urbani ſervate uxores , moechum calvum adducimus.
> Aurum in Gallià effutuiſti : heic ſumpſiſti mutuum.

Il aima auſſi des Reines , & entr'autres Eunoé , reine de Mauritanie ; mais la fameuſe Cléo-patre reine d'Egypte fut celle dont il fut le plus épris : cette femme célèbre avoit autant d'eſprit , de coquetterie , & de ruſes qu'elle

étoit pourvue d'attraits ; elle triompha de
Céfar dès la première vue , & ce héros fut
fon efclave pendant tout le temps qu'il vécut ;
il lui fit préfent du royaume d'Egypte au préjudice de fon frère Ptolomée , il effuya pour
elle une guerre très-dangereufe où il faillit
périr , il eut d'elle un fils qu'il fit nommer
Céfarion , enfin il la fit venir à Rome , la
combla d'honneurs & de préfens , & il fut
fur le point de l'époufer publiquement ; mais
forcé par l'horreur que les Romains témoi-
gnèrent pour une telle alliance , il la renvoya
en Egypte , & peut-être jamais Céfar n'eut
befoin de plus de courage que dans cette
cruelle occafion : ils étoient dignes l'un de
l'autre ; Cléopatre étoit la plus belle femme de
fon temps , & la pierre gravée qu'on donne
ici exprime très-naïvement fa victoire & les
armes dont elle fe fervit pour fubjuguer le plus
grand des Romains. La fable nous a tranfmis
les foibleffes d'Hercule pour Omphale & pour
Iole , mais l'hiftoire de Cléopatre eft bien
d'une autre force pour nous convaincre de la
puiffance tyrannique de la beauté & des charmes
d'une femme aimable fur le cœur de l'homme :

Di boni ! quid hoc morbi eft ? Adeon' homines immutarier
Ex amore , ut non cognofcas eumdem effe ?

s'écrioit Parménon dans l'Eunuque de Térence ;
mais c'eft Lucain qu'il faut écouter fur ce fujet,
lorfqu'il raconte la première entrevue de Céfar
& de Cléopatre :

Quem formae confifa fuae Cleopatra , fine ullis
Triftis adit lacrymis ; fimulatum comta dolorem ,
Quem decuit , veluti laceros difperfa capillos......

Elle plaide fa caufe :

Ne quidquam duras tentaffet Caefaris aures,
Vultus adeft precibus , faciefque incefta perorat,
Exigit infandam corrupto judice noctem :
Pax ubi parta duci , donifque ingentibus empta eft
Excepere epulae tantarum gaudia rerum ,
Explicuitque fuos magno Cleopatra tumultu
Nondum tranflato romana in faecula luxu......
Difcit opes Caefar fpoliati perdere mundi.

Toujours les femmes ont fu profiter de la
foibleffe de leurs amans :

Quid mirare , meam fi verfat femina vitam ?
    Et trahit addictum fub fua jura virum ?
Colchis flagrantes adamantina fub juga tauros
    Egit , & armigera proelia fevit humo ,
Cuftodifque feros claufit ferpentis hiatus,
    Iret ut Aefonias aurea lana domos.
Aufa ferox ab equo quondam oppugnare fagittis
    Maeftis Danaum Penthefilea rates.
Aurea cui poftquam nudavit caffida frontem ,
    Vicit victorem candida forma virum.

Omphale in tantum formae proceſſit honorem ,
  Lydia Gygaeo tincta puella lacu,
Ut , qui pacato ſtatuiſſet in orbe columnas ,
  Tam dura traheret mollia penſa manu , &c. &c.
                    (*Propert. lib.* 3 , *Eleg.* 11.)

N. V.

*Céfar avec une couronne obfcène,
tellement arrangée qu'il y ait
de la reffemblance avec une
couronne de laurier.*

LES plus grands hommes ne font pas fans
défauts : un célèbre écrivain de nos jours
(M. de Voltaire) parlant d'un ouvrage affez
ridicule que M. Newton avoit fait fur l'apo-
calypfe, dit avec autant d'efprit que de raifon,
que ce grand génie avoit fait un mauvais livre
pour confoler les hommes de la fupériorité
qu'il avoit fur eux. Céfar fut un héros ; mais
fa paffion pour les femmes lui fit faire bien des
fautes, & cette foibleffe étoit fuivie du ridicule
d'être trop recherché dans fa parure , dans fes
habits , & dans toute fa contenance : Sylla
qui le connut de bonne heure , difoit de lui
à fes amis, *malè praecinctum puerum cavete.* Il
foignoit extrêmement fes cheveux , & ne
pouvoit fouffrir qu'on lui reprochât d'être
chauve ; auffi de tous les décrets que fit le fénat
en fon honneur , aucun ne le flatta davantage

que la permiſſion de porter toujours une couronne de laurier : il ne la quitta jamais, cachant par-là cette difformité. C'eſt bien ici le lieu de s'écrier avec Perſe :

O Coecas hominum mentes , o pectora vana !

C'eſt ſans doute pour faire alluſion à ſa vanité & à ſon extrême lubricité , que l'ingénieux graveur a transformé cette couronne de laurier en une couronne compoſée de figures obſcènes ; & pour juſtifier encore mieux le caprice du graveur ſatyrique , nous ajouterons avec Plutarque, Dion & Suétone que le tribun Helvius Cinna eut ordre de Céſar de publier une loi par laquelle il lui étoit permis d'avoir autant de femmes qu'il voudroit , & de choiſir toutes celles qui lui plairoient. C'étoit, dit-on, pour ſe procurer des enfans ; mais le prétexte étoit bien frivole , & l'adoption qu'il fit d'Octave en fait connoître la fauſſeté : *Ita libidinoſis ſerviebat amoribus , ut cum aliis quam plurimis mulieribus , in quas incidiſſet , conſuetudinem haberet.* (Dion Caſſius.)

Céſar auroit eu bien plus de raiſon qu'Ovide de dire :

Non eſt certa meos quae forma incitet amores ,
Centum ſunt cauſae cur ego ſemper amem.

Sive aliqua eſt oculos in me disjecta modeſtos
    Uror , & inſidiae ſunt pudor ille meae.
Sive procax aliqua eſt , capior , quia ruſtica non eſt ,
    Spemque dat in molli mobilis eſſe toro.
Aſpera ſi viſa eſt , rigidaſque imitata ſabinas
    Velle , ſed ex alto diſſimulare puto.
Sive eſt docta , placet raras dotata per artes ,
    Sive rudis , placita eſt ſimplicitate ſua. . . . . .
Molliter incedit , motu capit , altera dura eſt ,
    At poterit tacto mollior eſſe viro.
Haec quia dulce canit , flectitque facillimè vocem
    Oſcula cantanti rapta dediſſe velim. . . . .
Illa placet geſtu , numeroſaque brachia ducit ,
    Et tenerum molli torquet ab arte latus. . . .
Haec habilis brevitate ſua eſt , corrumpor utraque
    Conveniunt voto longa , breviſque meo. . . .
Denique quas tota quiſquam probat urbe puellas ,
    Noſter in has omnes ambitioſus amor. . . . . .

               (*Ovid. Amor. lib.* 2.)

Au reſte , ceux qui ſoutiennent que les grandes qualités de l'ame ſont incompatibles avec les foibleſſes & les vices des galans , ſont démentis par l'exemple de Céſar chez les Romains , & d'Alcibiade chez les Athéniens ; celui-ci , comme Céſar , joignit toutes les vertus d'un héros à la molleſſe du plus voluptueux des hommes : éloquent à Athènes , grave & ſobre à Lacédémone , plongé dans la débauche chez les Ioniens , magnifique auprès de Tiſſapherne , charmant aux pieds des belles , terrible à la tête des armées , il avoit tous les

caractères ; aussi Plutarque dans sa vie dit
« qu'on lui avoit donné le surnom de
» Caméléon ».

N. VI.

Auguste qui se prostitue à son grand-oncle César.

Camée d'Arellius.

CESAR n'avoit point d'enfans, & le jeune Octave étoit son plus proche parent : il étoit fils d'Atia qui avoit pour mère Julie soeur du dictateur & femme d'Atius Balbus. Il se fit aimer de son grand-oncle par son esprit, sa douceur & son activité à la guerre malgré la foiblesse de son tempérament. Sa complaisance pour celui de qui il attendoit un sort si brillant fut sans bornes, & il acheva de gagner ses bonnes graces en se prostituant à un oncle ardent pour tous les genres de voluptés. Sextus Pompéius reprocha dans la suite à Octavien sa mollesse ; & Marc-Antoine & son frère Lucius publièrent dans leurs lettres, qu'il n'avoit été adopté par César qu'à cette infame condition. Quelque déshonorante que soit cette histoire pour l'oncle & le neveu, on ne peut se refuser à son authenticité. Outre l'autorité de Suétone, de Dion & d'autres auteurs, qui ne connoît pas l'extrême lubricité de César, & l'ambition effrénée d'Octave ? Lui, qui foula aux pieds toutes les loix , qui maſſacra ſes amis & ſes bienfaiteurs , & ne ceſſa de répandre le ſang pour s'aſſurer l'empire , peut-il être ſoupçonné de s'être refuſé à des complaiſances qui alloient décider de ſa future grandeur ? Les Romains en étoient ſi perſuadés qu'un jour que cet Empereur aſſiſtoit au ſpectacle , tout le peuple applaudit & lui appliqua ce vers :

Videſne ut Cinaedus orbem digito temperet ?

D'ailleurs perſonne n'ignore l'extrême paſſion des anciens Grecs & Romains pour les plaiſirs contre nature ; & ce qu'il y a de plus horrible , c'eſt que bien loin qu'il paroiſſe qu'ils y aient attaché la moindre honte , il paroît au contraire qu'ils en faiſoient gloire. Les rois d'Aſie n'avoient preſque que du mépris pour les femmes ; & Bagoas , cet eunuque qui avoit été chéri de Darius , vit encore Alexandre brûler pour lui des mêmes feux : Epheſtion fut les délices du même héros : Céſar ſe proſtitua à Nicomède : Trajan , le modèle des ſouve-rains , étoit ſuivi dans ſes expéditions militaires par une troupe de jeunes enfans deſtinés à ſes plaiſirs : Antinoüs , rival de l'impératrice Sabine , mais rival heureux & préféré , fut pleuré ſans retenue par Hadrien , qui , après l'avoir adoré pendant ſa vie , lui fit élever des temples après fa mort, & lui confacra des prêtres, des autels & des villes entières. Et les philofophes & les légiflateurs eux-mêmes ? Qu'on life les dialogues de Lucien, & fur-tout celui des amours, où les pédéraftes ne manquent pas de fe juftifier par l'exemple de Ganimède, de Hiacinthe & d'Hilas les trois mignons de Jupiter, d'Apollon & d'Hercule. Il y avoit chez les Romains des lieux publics remplis de jeunes gens des deux fexes, renfermés dans des chambres féparées; les filles y paroiffoient fous l'habit des garçons, & les garçons prenoient celui des femmes, chacun déguifoit fon fexe pour l'outrager, rien n'étoit plus fréquent & plus commun. Virgile, le chafte Virgile, qu'on appelloit *Parthenios*, étoit paffionné pour le jeune Alexandre, qu'il a immortalifé fous le nom d'Alexis. Horace brûla pour Lycidas :

Quo calet juventus nunc omnis.

Pour Gygès :

Quem fi puellarum infereres choro,
Mirè fagaces falleret hofpites
Difcrimen obfcurum, folutis
Crinibus ambiguoque vultu.

Pour Ligurinus, pour Lycifcus :

Nunc, gloriantis quamlibet mulierculam
Vincere mollitie,
Amor Lycifci me tenet.

Et pour mille autres , comme il le dit au même endroit :

> Amore , qui me , praeter omnes , expetit
> Mollibus in pueris
> Aut in puellis urere.
>
> *(Horat. Od.* 1 *&* 10 , *lib.* 4 , *Od.* 11 , *lib.* 5*.)*

Mais celui à qui ses amours, sa gaieté, son goût & son âge ont acquis l'immortalité , ce fut l'aimable Anacréon : il aima Bathylle au-delà de toute expression , & jamais femme ne pourra se flatter d'avoir un amant aussi passionné ; il faudroit transcrire ici toutes ses belles chansons , & sur-tout la dixieme où il fait le portrait de son charmant ami. Catulle depuis célébra les baisers de Juvencius avec un sentiment de volupté si touchant , qu'une femme en pourroit être jalouse , & Martial en fait de même dans plusieurs de ses épigrammes, & principalement dans la neuvieme du livre II :

Les baisers de mon ami sont, dit-il , *bien plus doux que tous les parfums , plus charmans que les fleurs , plus précieux que les perles, & plus délicats que toutes les caresses d'une jeune fille.*

> Singula quid dicam ? non sunt satis , omnia misce
> Hoc fragrant pueri basia mane meï.

Un amant qui venoit de passer la nuit avec son mignon , s'écrie dans Pétrone :

> Qualis nox fuit illa Dii , Deaeque ,
> Quam mollis thorus ! haesimus calentes ,
> Et transfudimus hinc , & hinc labellis
> Errantes animas. Valete curae ,
> Mortalis ego sic perire coepi.

N. VII.

Auguste & Livie.

Camée d'Apollonius de Sicyone.

Auguste eut pour les femmes beaucoup de foiblesse, & ses amis ne pouvant le nier, disoient pour l'excuser que c'étoit moins pour satisfaire son penchant aux plaisirs de l'amour, que pour découvrir, par le moyen de ses maîtresses, les complots de ses ennemis. Assurément voilà un excellent moyen de faire servir la volupté à la politique : ce n'est pas ainsi que l'entendoit Marc-Antoine, & il répondoit à Auguste, qui lui avoit écrit pour lui reprocher ses amours avec la reine Cléopatre, *Quid te mutavit ? quòd reginam ineo ? tu deinde solam Drusillam inis ? ita valeas uti tu hanc epistolam quum leges, non inieris Tertullam, aut Terentillam, aut Rusillam, aut Salviam Titisceniam, aut omnes. Anne refert ubi & in quam arrigas ?* Cette Drusille, qui est nommée la premiere, est la fameuse Livie, femme de Tibere Néron, qui avoit été un des amis d'Antoine : Auguste en devint passionnément amoureux, & Tibere la lui céda quoiqu'elle fût grosse de six mois. L'on plaisanta beaucoup sur cet empressement de

N. 7.

l'Empereur ; & un jour qu'ils étoient tous à table, & que Livie étoit couchée près d'Auguste, un de ces enfans nus, que les matrones élevoient pour servir à leurs plaisirs, s'approchant de Livie, *quid agis hic Domina*, lui dit-il, *ecce enim maritus tuus (Neronem monstrabat) illic est.* Livie accoucha peu de temps après, & l'on disoit publiquement à Rome que les gens heureux avoient des enfans après trois mois de mariage, ce qui passa même en proverbe. Un historien dit qu'Auguste fut obligé de caresser sa femme *more pecudum* à cause de sa grossesse ; & c'est à cette luxurieuse attitude que fait allusion le Camée d'Apollonius, graveur célèbre du temps d'Auguste. L'état où étoit Livie peut, il est vrai, avoir rendu cette posture nécessaire, mais il paroît qu'elle étoit en tout temps du goût des anciens, soit qu'ils crussent, ainsi que l'indique Lucrece, *lib.* 4, que cette attitude étoit favorable à la génération,

> Nam more ferarum
> Quadrupedumque magis ritu, plerumque putantur
> Concipere uxores, quia sic loca sumere possunt,
> Pectoribus positis, sublatis femina lumbis.

soit plutôt qu'ils la préférassent par un rafinement de volupté. Les postures les plus recherchées, les moins naturelles souvent, ont paru en tout temps à quelques débauchés, augmenter le plaiſir de la jouiſſance, & il y a eu des poëtes & des peintres qui n'ont pas craint d'employer leurs talens à les décrire ou à les peindre : Eléphantis chez les anciens, l'Aretin chez les modernes, ſe ſont ſignalés par leurs deſcriptions de ces infames ſcènes, & Jules-Romain, le Titien, le Carache, qui tiennent le premier rang parmi les peintres, en ont fait des tableaux ; mais il faut convenir que l'imagination va encore au-delà de la poſſibilité réelle : le cœur ne met point de bornes à ſes deſirs, l'eſprit ſeconde toujours l'illuſion, heureuſement qu'il échoue ſouvent dans la pratique. Les vers de Catulle à Lesbie, que nous allons citer, expliqueront, ſans qu'il ſoit beſoin d'un long commentaire, pourquoi la poſture ordinaire mérite la préférence :

> Da mihi baſia mille, deinde centum
> Dein mille altera, dein ſecunda centum
> Deinde uſque altera mille, deinde centum
> Dein, quum millia multa fecerimus,
> Conturbabimus illa, ne ſciamus,
> Aut ne quis malus invidere poſſit
> Quum tantum ſciet eſſe baſiorum.

N. VIII.

Auguste avec sa fille Julie.

Camée d'Apollonius de Sicyone.

JULIE, fille d'Auguste & de Scribonia sa première femme, fut un prodige d'esprit, de beauté & de lubricité. Elle fut premiérement l'époufe de Marcellus, neveu d'Augufte par fa foeur Octavie, l'efpoir & les délices du peuple Romain. Après la mort de ce prince, Augufte la fit époufer à fon ami Agrippa dont elle eut quatre enfans, & enfin elle époufa Tibere fils de l'impératrice Livie. Le tableau des débauches de cette princeffe eft effrayant, elle ne fe refufoit rien, & n'avoit que cet égard, *Vectorem in cymba fe nunquam, aiebat, accipere nifi cum plena effet.* Elle avoit pour maxime, que la pudeur & la chafteté n'étoient pas des vertus d'une grande princeffe : *Nihil quod facere aut pati turpiter poffet foemina, luxuriâ, libidine, infectum reliquit : magnitudinemque fortunae fuae peccandi licentiâ metiebatur : quidquid liberet pro licito judicans.* (Velleius Paterc.) Toute la jeuneffe de la cour d'Augufte lui étoit dévouée ; fes adultères, fes amours, le nombre de fes amans & de fes plaifirs, tout

N. 8.

cela faifoit le fujet des converfations de Rome;
fon père feul n'en favoit rien : enfin le bruit
en parvint jufqu'à lui ; & il en fut fi touché
qu'il s'en plaignit en plein fénat, il évita
quelque temps de paroître en public , il héfita
même s'il la puniroit du dernier fupplice ,
enfin il fe contenta de l'exiler. Il fut inexorable aux larmes de fa fille , de fes parens ,
& aux prières du peuple ; il s'emporta même
contre ceux qui lui demandoient avec inftance
de rappeller fa fille : *Deprecanti faepe populo
Romano* , dit Suétone , *& pertinaciùs inftanti,
tales filias talefque conjuges pro concione imprecatus.*
Ovide même , le poëte des graces & des
amours, fut la victime de la colère d'Augufte,
qui le relégua chez les Maffagetes. L'on a fait
beaucoup de conjectures fur la caufe de cet
exil , mais il nous femble que le camée que
nous préfentons ici en donne la véritable
explication. Ovide étoit familier à la cour
d'Augufte , & l'ami intime de Julie : il fut un
jour affez malheureux ou affez imprudent pour
pénétrer trop avant dans l'appartement de
cette princeffe , & il furprit le bon Augufte
qui careffoit fa charmante fille dont il étoit
extrêmement jaloux. Qu'on juge de la colère
du prince & de la furprife du poëte ! Les

grands ne manquent jamais de prétextes ; les livres de l'art d'aimer , ceux des amours , le libertinage d'Ovide , & ſes familiarités trop indiſcrettes avec Julie , furent des motifs très-plauſibles pour le perdre. Cur aliquid vidi , écrivoit Ovide :

> Cur aliquid vidi , cur conſcia lumina feci
> Cur imprudenti cognita cauſa mihi eſt ?
> Inſcius Actaeon vidit ſine veſte Dianam ,
> Praeda tamen canibus , nec minus ille fuit.

Voilà , ce me ſemble , qui parle aſſez clair : il pria , il ſupplia ; mais Auguſte fut toujours inflexible : les coupables ſont d'ordinaire ceux qui pardonnent le plus difficilement ; & l'Empereur auroit bien mérité qu'Ovide lui eût réellement envoyé des vers tels qu'en fit Scaliger ſous le nom de cet illuſtre exilé :

> A me utinam inciperes ferus eſſe cruente , nec atras
> Per caedes faceres ad mea fata gradum.
> Si mea te movit tetricum laſciva juventus
> Te juvenem damnas perditus , exul abi.
> Impia flagitiis ſquallent penetralia divis ,
> Damnati ſuperant nomina foeda rei . . . . . .
> Cum te laudarem tunc ſum mentitus , ob unum hoc
> Exilii fuerat debita poena mihi.

Caligula étoit ſi perſuadé qu'Auguſte avoit abuſé de ſa fille , qu'il ſe vantoit que ſa mère Agrippine avoit été le fruit de cet inceſte :

Praedicabat autem matrem suam ex incesto , quod Augustus cum Julia filia commisisset , procreatam. (Suéton.) Les anciens soupçonnèrent, avec assez de vraisemblance , que la jalousie de l'Empereur eut beaucoup de part à la rigueur inflexible dont il usa envers sa fille criminelle : il couvroit son ressentiment sous le masque du zèle , & de la pureté des mœurs publiques : O ces hypocrites !

Qui Curios simulant , & bacchanalia vivunt.

(*Juven.*)

N. IX.

Augufte à qui Livie préfente deux jeunes filles.

L'IMPERATRICE Livie aimoit Augufte, & elle en fut toujours aimée, mais fage, douce & difcrete, elle ne contrôloit point les actions de fon époux : elle n'ignoroit point les fréquentes infidélités qu'il lui faifoit, mais elle favoit diffimuler, vivoit en paix avec fes rivales, & fut fi bien par fes complaifances, fe rendre maîtreffe de l'efprit & du cœur de l'Empereur, que tout céda à fa puiffance : la cour lui étoit foumife, les troupes dévouées, & par-là elle réuffit enfin après une infinité d'obftacles à affurer la fucceffion de l'empire à fon fils Tibère. Elle n'oublia rien pour parvenir à ce but, & cette pierre gravée du célèbre Artémon que nous offrons ici, prouve bien jufqu'où cette princeffe porta la complaifance pour fon époux, & les foins qu'elle fe donnoit pour lui procurer du plaifir. Il étoit paffionné pour les jeunes filles, & Livie lui en cherchoit de tous côtés. Le peuple romain fit là-dessus des plaisanteries , & il auroit été difficile à Auguste de s'en justifier. *Circa libidines haesit : postea quoque , ut ferunt , ad vitiandas virgines promptior , quae sibi undique etiam ab uxore conquirerentur.* (Suéton.)

Nos moeurs d'aujourd'hui font un peu contraires à cette maxime de Livie ; chez les anciens c'étoit autre chose : les maris avoient des droits très-étendus , & bien des choses leur étoient permises , qui étoient défendues aux femmes. Plaute , Térence , & les autres anciens comiques , nous ont laissé mille peintures naïves de la vie libertine permise aux garçons , & même aux maris , & de l'extrême réserve des filles bien nées , des matrones & des mères de famille. Ce système tenoit aux moeurs d'une république vertueuse : les femmes peu à peu s'émancipèrent , & du temps même de Livie la dépravation arriva presqu'à l'excès : cependant l'Impératrice fut toujours chaste , elle gardoit les anciennes maximes , & l'ambition fut sa passion dominante : *Dominandi avida , virilibus curis , faeminarum vitia exuerat.* (Tacit. Annal. lib. 5.) Les Dames romaines de son temps n'imitèrent guères son exemple : on n'a qu'à jetter les yeux sur les Auteurs de ce fiècle fameux, Quels vices, quelle débauche, & quelle corruption générale dans le fexe !

Motus doceri gaudet Ionicos
Matura virgo , & fingitur artubus ;
    Jam tunc & inceftos amores
    De tenero meditatur ungui :
Mox juniores quaerit adulteros
Inter mariti vina ; neque eligit
    Cui donet impermiffa raptim
    Gaudia , luminibus remotis,
Sed juffa coram non fine confcio
Surgit marito , feu vocat inftitor,
    Seu navis hifpanae magifter,
    Dedecorum pretiofus emptor.
                (Horat. Od. 6 , lib. 3.)

Nos anciennes mères de famille , continue le même poëte , étoient élevées bien différemment ; mais

    Damnofa quid non imminuit dies ?
    Aetas parentum , pejor avis , tulit
        Nos nequiores , mox daturos
        Progeniem vitiofiorem.

Ceux qui liront la fatyre de Juvénal fur les femmes y trouveront l'accompliffement de la prophétie d'Horace ; Pétrone lui-même en étoit fcandalifé, il en parle avec horreur dans ces vers :

    Heu pudet effari , perituraque prodere fata !
    Perfarum ritu malè pubefcentibus annis

Subripuere viros ; exfeċtaque vifcera ferro
In venerem fregere : atque ut fuga mobilis aevi
Circumfcripta morâ properantes differat annos
Quaerit fe natura , nec invenit , omnibus ergo
Scorta placent , fraċtique enervi corpore greffus ,
Et laxi crines , & tot nova nomina veftis ,
Quaeque virum quaerunt.

N. X.

Auguste, sous l'habit d'Apollon, soupe avec six Déesses.

Camée d'Epitincanus, Athénien.

Voici un trait d'histoire qui fit beaucoup murmurer les Romains, & attira bien des railleries & des satyres sur Auguste : ce fut un souper qu'il donna chez lui, dans lequel les convives étoient habillés en Dieux & en Déesses. Le lendemain on trouva les vers suivans attachés à la maison du Prince, tant les Romains avoient le talent de l'impromptu en fait de satyre :

> Quum primum istorum conduxit mensa choragum
> Sexque Deos vidit Mallia, sexque Deas :
> Impia dum Phoebi Caesar mendacia ludit,
> Dum nova divorum coenat adulteria,
> Omnia se à terris tunc numina declinarunt :
> Fugit & auratos Juppiter ipse thronos.

Auguste étoit très-sobre pour l'ordinaire, mais quelquefois il se livroit à la gaieté & à la bonne chere avec ses enfans & avec ses amis. Les Romains, qui avoient été témoins du luxe de Lucullus & de l'intempérance d'Antoine, auroient pu pardonner cette partie de débauche à Auguste ; mais en général ce Prince ne fut aimé que dans ses dernieres années, & ce qui excita encore plus l'indignation publique contre les convives de ce repas, c'eſt qu'alors Rome étoit en proie aux horreurs de la famine, & qu'il ſembloit qu'Auguſte, par cette profuſion, eût voulu inſulter à la miſere publique ; auſſi le peuple mutiné cria-t-il le lendemain qu'il ne falloit pas être ſurpris ſi le bled manquoit à Rome, puiſque les Dieux l'avoient tout dévoré ; & comme Auguſte étoit aſſis à cette table en Apollon, l'on ajoutoit *Cæſarem planè eſſe Apolinem, ſed Tortorem* : dénomination ſous laquelle ce Dieu étoit en effet honoré dans un quartier de la ville.

Auguſte fut auſſi accuſé d'aimer trop les beaux vaſes de Corinthe, dont le travail étoit un chef-d'œuvre de l'art ; & dans le temps des proſcriptions on écrivit ſur une de ſes ſtatues, *Pater argentarius, ego Corinthiarius* ; inſcription ſatyrique qui faiſoit entendre, qu'on n'avoit mis à prix la tête de quelques citoyens, que parce qu'ils poſſédoient beaucoup de meubles de Corinthe. On ne lui pardonna pas non plus la paſſion qu'il avoit pour le jeu ; & dans le temps de la guerre de Sicile, après que la tempête eut ſucceſſivement détruit deux de ſes flottes, on jetta ces vers dans ſon pavillon :

Poſtquam bis claſſe victus naves perdidit,
Aliquando ut vincat ; ludit aſſiduè aleam.

Marc Antoine, qui ne laiſſoit échapper aucune occaſion de rendre ſon rival odieux & ridicule, lui reprocha cette débauche dans une de ſes lettres ; & nommant ces douze ſacrileges, il lui lança des ſarcaſmes très-amers. Il eſt cependant étonnant qu'Antoine osât faire là-deſſus le moindre reproche à Auguſte, lui qui ayant eu deux enfans de Cléopatre, un fils nommé Alexandre, & une fille du même nom que ſa mere, il ſurnomma l'un le ſoleil & l'autre la lune ; lui enfin qui ſe plaiſoit à voir cette Reine habillée en Iſis. Ce fut après qu'il eut déclaré Cléopatre reine d'Egypte, de Chypre, d'Afrique & de la baſſe Syrie, & qu'il eut en même temps proclamé ſon fils Alexandre roi d'Arménie & de toute la Médie qu'il alloit conquérir ſur les Parthes, & qu'il eut donné à Ptolomée ſon autre fils la Phénicie & la Cilicie : dès-lors Cléopatre ne parut plus en public, que vêtue de la robe conſacrée à Iſis, & elle ſe faiſoit appeller la jeune Iſis. Cette folie groſſiere d'uſurper le nom & les emblêmes des Dieux fut commune à pluſieurs autres Empereurs ; nous verrons Caligula, Néron, Domitien affecter les honneurs divins avec une inſolence inouie. Ce n'eſt pas ainſi que penſoit le bon Titus : Dans le temps qu'une éruption terrible du Vésuve avoit ruiné les campagnes & les villes des environs, on songeoit à Rome à lui bâtir un temple ; il le refusa, & répondit à peu près comme dans cette magnifique scène de Métastase :

Romani, unico oggetto
È de' voti di Tito il vostro amore !
Ma il vostro amor non passi
Tanto i confini suoi,
Che debbano arrossirne e Tito, e voi
Più tenero, più caro
Nome, che quel di padre
Per me non v'è ; ma meritarlo io voglio,
Ottenerlo non curo. I sommi Dei
Quanto imitar mi piace,
Abborisco emular. Gli perde amici,
Chi gli vanta compagni : e non si trova
Follia la più fatale,
Che potersi scordar d'esser mortale.
Quegli offerti tesori
Non ricuso però. Cambiarne solo
L'uso pretendo. Udite. Oltre l'usato
Terribile il Vesevo ardenti fiumi
Dalle fauci eruttò ; scosse le rupi ;
Riempiè di ruine
I campi intorno, e le città vicine.
Le desolate genti
Fuggendo van, ma la miseria opprime
Quei, che al fuoco avanzar. Serva quell'oro
Di tanti afflitti à riparar lo scempio :
Questo, o Romani, è fabbricarmi il tempio.

N. XI.

Marc-Antoine & Cléopatre ſur un vaiſſeau.

Médaille.

SI jamais foibleſſe fut pardonnable, ce fut aſſurément l'amour d'Antoine pour Cléopatre. Cette Reine ſi fameuſe par ſa beauté, par ſon eſprit & par ſa coquetterie avoit été accuſée d'avoir ſecouru Brutus & Caſſius les aſſaſſins de Céſar. Après la défaite & la mort de ces deux grands défenſeurs de la liberté, Antoine leur vainqueur envoya Dellius à Cléopatre avec ordre de venir le trouver en Cilicie. Dellius qui connoiſſoit le penchant d'Antoine pour le plaiſir, n'eut pas plutôt vu la beauté de cette princeſſe & reconnu qu'elle étoit la grace de ſes diſcours, qu'il jugea qu'au lieu d'être trouvée coupable, elle n'auroit qu'à paroître aux yeux de ſon juge pour le ſubjuguer, il l'exhorta même à ſe fier à ſes charmes & à ſe préſenter avec courage devant Antoine. Cléopatre, qui avoit déja eſſayé ſes forces ſur le grand Céſar & ſur le fils de Pompée, après avoir ramaſſé de grandes ſommes d'argent pour en faire des préſens, & fait proviſion d'habits magnifiques, s'embarqua ſur le fleuve Cydnus dans un navire dont la poupe étoit d'or, les voiles de pourpre & les rames d'argent. Ces rames étoient agitées au ſon des flûtes,

des lyres & d'autres inftrumens auffi doux; elle-même
parée avec autant de goût que de magnificence, &
telle que l'on repréfentoit la Déeffe Vénus , étoit
couchée fous un pavillon étincelant d'or & de pierreries.
De jeunes enfans habillés en amours étoient à fes côtés
avec des éventails dont ils la rafraîchiffoient , fes
femmes toutes d'une beauté raviffante , vêtues comme
les Néréides & les Grâces étoient les unes au gouvernail,
les autres aux cordages , & les parfums les plus précieux
brûlés dans des réchaux d'or en divers endroits de fon
vaiffeau rempliffoient l'air des environs de leur odeur :
dès que le bruit de fon arrivée fe répandit dans le camp
d'Antoine , fes foldats le laifsèrent feul fur fon tribunal
& coururent fur le rivage en criant que c'étoit Vénus
qui venoit rendre vifite à Bacchus pour le bien de l'Afie.
Elle n'eut pas plutôt mis pied à terre qu'elle fit prier le
Triumvir de venir fouper chez elle , Antoine fe rendit
à fon invitation , & il y trouva des préparatifs d'une
magnificence qu'on ne peut exprimer ; les flambeaux
rangés en fymmétrie donnoient une fi grande clarté
qu'Antoine en fut émerveillé , & il avoua que jamais
aucune fête ni aucun fpeƈacle ne l'avoit tant furpris.
Mais tout cela n'étoit rien en comparaifon des appas de
Cléopatre , & des agrémens de fon efprit qui avoient
des attraits dont il étoit impoffible de fe défendre : auffi
Antoine ne put réfifter à tant de charmes , il fut vaincu;

& pour terminer cette belle fête d'une manière enchan-
tereſſe, Cléópatre ſe livra aux tranſports de ſon amant,
les partagea & acheva de l'enivrer d'amour & de plaiſir.
Cette étonnante Princeſſe étoit un protée qui ſe tranſ-
formoit en mille formes pour augmenter ſa victoire,
& varier les plaiſirs de ſon amant : dans les affaires
férieuſes, dans ſes jeux, dans ſes divertiſſemens, par-
tout elle imaginoit quelque nouvelle volupté ; elle ne
le perdoit de vue ni le jour ni la nuit, toujours occupée
de l'unique ſoin de l'amuſer & de le retenir dans ſes
chaînes, elle jouoit aux dés, buvoit, chaſſoit & montoit
à cheval avec lui, & ſut enfin ſe rendre maîtreſſe ſi
abſolue de ſon cœur & de ſon eſprit qu'il ne put jamais
ſortir d'eſclavage. C'étoit le fort de Cléopatre d'enchaîner ſes amans juſqu'à la mort : Céſar l'avoit adorée
tout le temps qu'il vécut, & Lucain juſtifie Marc-
Antoine par ce beau parallèle :

> Quis tibi veſani veniam non donet amoris,
> Antoni ? durum cum Caeſaris hauſerit ignes
> Pectus, & in media rabie, medioque furore,
> Et Pompeianis habitata manibus aulâ,
> Sanguine Theſſalicae cladis perſuſus adulter
> Admiſit venerem curis, & miſcuit armis
> Illicitoſque toros, & non ex conjuge partus ?

Antoine dans les bras de Cléopatre, oublia ſa gloire,
ſa réputation & l'empire du monde.

> Hoc animi nox illa dedit, quae prima cubili
> Miſcuit inceſtam ducibus Ptolemaida noſtris.

(Lucan. Pharſ. lib. 10.)

Si **Cléopatre** avoit eu autant de vertu qu'elle avoit d'efprit & d'attraits, aucune femme n'auroit pu lui être comparée; mais malheureufement elle étoit encore plus diffolue que belle : *A quo cafta fuit ?* difoit **Photin**, & **Dion** affure que la lubricité de cette Reine fut telle, qu'Antoine confulta les médecins là-deffus, regardant fon extrême lubricité comme une maladie : tous les amis & les courtifans d'Antoine en étoient éperdument amoureux, & le même auteur rapporte qu'il y en eut plufieurs qui choifirent de coucher une nuit avec elle, à condition de perdre la vie le lendemain. La coupe fatale de **Circè** qui changeoit les hommes en brutes n'étoit rien en comparaifon des charmes de cette Reine enchantereffe, & Antoine fut bien loin d'imiter la conduite du fage Ulyffe.

> Sirenum voces & Circae pocula nofti :
> Quae fi cum fociis ftultus cupidufque bibiffet
> Sub domina meretrice fuiffet turpis & excors,
> Vixiffet canis immundus, vel amica luto fus.
>
> *(Horat. Epift.* 2, *lib.* 1.)

N. XII.

Cléopatre à table avec Marc-Antoine, avale une perle détrempée dans du vinaigre.

Camée d'Artemon, rhodien.

ANTOINE aimoit tous les plaifirs, mais furtout celui de la bonne chère : pendant fon féjour à Rome, il s'étoit livré avec tant de fureur à fon intempérance, qu'il fe déshonora par des excès inouis aux yeux de tous les Romains ; quand enfuite il fe fut rendu maître de l'orient, & entiérement livré au joug de Cléopatre, il fe conforma au goût de cette Reine qui étoit voluptueufe, mais qui fe piquoit d'une extrême délicateffe au milieu des plus grands excès : la defcription de leurs repas & du luxe qui y régnoit paroîtroit exagérée, fi tous les auteurs n'étoient d'accord là-deffus. Ecoutons la peinture charmante que nous fait Lucain du feftin que Cléopatre donna à Céfar :

> Infudêre epulas auro, quod terra, quod aër,
> Quod pelagus, nilufque dedit, quod luxus inani
> Ambitione furens toto quaefivit in orbe.
> Non mandante fame multas volucrefque ferafque
> Aegypti pofuere Deos, manibufque miniftrat

Niliacas cryſtallus aquas , gemmaeque capaces
Excepuere merum , ſed non mareſtidos uvae
Nobile , ſed paucis ſenium cui contulit annis
Indomitum Meroe cogens ſpumare falernum.
Accipiunt ſertas nardo florente coronas
Et nunquam fugiente roſa , multumque madenti
Iufudere comae , quod nondum evanuit aura
Cinnamon , externa nec perdidit aera terra ,
Advectumque recens vicinae maſſis amomum.

Mais cette Reine en fit encore davantage pour Antoine , qu'elle connoiſſoit très-ſenſible à la gourmandiſe. Plutarque raconte qu'un jour le médecin Philotas voyant dans la cuiſine un appareil extraordinaire , & entr'autres choſes huit ſangliers qu'on faiſoit rôtir tout entiers , s'étonna du grand nombre de convives qu'il ſuppoſa qu'on attendoit , & qu'il fut bien ſurpris quand on lui répondit que les convives n'étoient que douze , mais qu'il falloit que chaque choſe fût ſervie dans un point de perfection qui pouvoit s'altérer d'un moment à l'autre ; qu'il falloit pour cela préparer non un ſeul , mais pluſieurs ſoupers , parce qu'il étoit difficile de deviner à quelle heure Antoine vouloit être ſervi , & qu'il lui arrivoit ſouvent de demander à ſouper , & de différer enſuite , & qu'on devoit ſe tenir prêt à toute heure & à tout ordre. (*Plut. in Anton.*)

(47)

Mais le feſtin qui fit le plus de bruit , c’eſt celui qu’Artemon choiſit pour en faire le ſujet de cette gravure. Antoine avoit donné un ſouper à la Reine , & ſe vantoit d’y avoir dépenſé une ſomme très-grande : la Reine ſourit , & pria ſon amant à ſouper chez elle le lendemain ; Antoine y fut , & voyant la table ſervie aſſez frugalement, il commençoit à croire que Cléopatre avoit voulu ſe moquer de lui , quand on apporta une coupe ; Cléopatre la prit , y verſa du vinaigre , & y jetta enſuite une perle d’une valeur immenſe, & l’avala d’un ſeul trait, elle vouloit redoubler la doſe & jetter une autre perle , mais Antoine l’en em-pêcha , & ſe confeſſa vaincu. (*Plin. lib. 9.*)

Des excès ſi recherchés n’étoient cependant que les avant-coureurs d’autres plaiſirs dont ils étoient tous les deux également avides ; & quelque goût qu’Antoine parût prendre à de pareils feſtins , les nuits qui les ſuivoient lui paroiſſoient encore plus voluptueuſes.

Quos humeros, quales vidit , tetigitque lacertos!
Forma papillarum quam fuit apta premi!
Quam caſtigato plenus ſub pectore venter
Quantum & quale latus , quam juvenile femur!

(*Ovid. amor. lib. 3.*)

Cléopatre qui étoit la plus luxurieuſe des fem-mes, ſavoit multiplier les plaiſirs , & les goûter :

ſes tranſports égaloient ceux de ſon amant :
Ovide en auroit été charmé, lui qui vouloit
qu'une femme ſe pamât dans le ſein de la
volupté.

> Sentiat ex imis venerem reſoluta medullis
>   Femina, & ex aequo res juvat iſta duos :
> Nec blandae voces, jucundaque murmura ceſſent,
>   Nec taceant mediis improba verba jocis.....
> Quod juvat, & voces & anhelitus arguat oris.....

De tels athlètes n'avoient pas beſoin d'être
excités dans les combats de Vénus, & l'on
pouvoit dire d'eux

> Aſpicies oculos tremulo fulgore micantes,
>   Ut ſol aliquidâ ſaepe refulget aqua :
> Accedant queſtus, accedat amabile murmur,
>   Et dulces gemitus, aptaque verba joco.
> Ad metam properate ſimul, tunc plena voluptas
>   Cum pariter victi femina, virque jacent.

N. XIII.

Marc Antoine habillé en Hercule, & la dangereuse Cytheris en Iole.

Camée d'Arellius.

IL y eut chez les anciens des courtisannes si célèbres par leur beauté, leur esprit, & la qualité de leurs amans, que l'histoire n'a pas dédaigné d'en faire mention. Telles furent les Laïs, les Thaïs *ad cujus jacuit Graecia tota pedes* & la fameuse Aspasie : cette dernière fut idolâtrée par Périclès, & Socrate admiroit si fort ses talens & son éloquence qu'il disoit que la Déesse de la persuasion habitoit sur ses lèvres : Flora chez les Romains fut l'admiration de son siècle par les charmes de sa figure, la douceur de son caractère, & la tendresse qu'elle conserva toujours pour Pompée dont elle étoit la maîtresse. Etant âgée elle se plaisoit à raconter ses anciennes amours, sa passion & ses transports pour Pompée, qu'elle ne laissoit jamais sortir de chez elle sans le mordre voluptueusement : Catulle aimoit ces légères marques d'emportement & d'amour, & s'étant brouillé avec sa maîtresse il se plaignoit tendrement,

Scelesta verè, quae tibi manet vita
Quis nunc te adibit, cui videberis bella . . . . .
Quem basiabis, cui labella mordebis ?

N. 13.

Horace , qui n'étoit pas moins tendre & moins voluptueux que Catulle , souffroit beaucoup quand il s'appercevoit à ces marques non-équivoques combien Lydie étoit complaisante pour Téléphus :

> Uror , seu tibi candidos
> Turparunt humeros immodicae mero
> Rixae ; sive puer furens
> Impressit memorem dente labris notam.

Une autre courtisanne non moins célèbre à Rome , fut la belle Cytheris maîtresse de Marc Antoine. Ce grand général dès que la guerre étoit finie se livroit à la débauche avec autant de passion qu'il avoit montré de valeur contre ses ennemis. Sa maison étoit remplie de pantomimes, de bouffons, de danseurs & de courtisannes : on y passoit la nuit à boire & le jour à dormir , ce n'étoit que fêtes bacchiques & sacrifices à Vénus : nulle honte , nul égard, nulle décence ; Antoine se moquoit de ceux qui le condamnoient, il les faisoit trembler au sénat & à la tête des armées , & ne daignoit pas même les recevoir chez lui quand il y étoit renfermé avec ses compagnons de débauche. L'ame de toutes ces parties de plaisir , & celle qui possédoit véritablement le coeur de cet illustre débauché c'étoit la danseuse Cytheris ; Antoine l'aimoit passionnément , il la menoit par-tout avec lui, & la faifoit porter dans une litière qui étoit fuivie d'un train auffi magnifique que celui de fa propre mère : des auteurs dignes de foi, (Plutarque & Ciceron) racontent qu'on portoit dans fes voyages une grande quantité de vaiffelle d'or, on faifoit halte & l'on tendoit des pavillons fur le bord des rivières, ou à l'entrée de quelque riant boccage, & l'on y fervoit des dîners magnifiques. Antoine s'habilloit en Hercule de qui il fe vantoit de defcendre, & il fe faifoit porter dans une litière avec Cytheris habillée en Omphale : tout ce train reffembloit à une troupe de Bacchantes, de Silènes, & de Satyres qui accompagnoient Bacchus & la belle Ariane : la préfence des troupes ne gênoit nullement Antoine, & il careffoit fans façon fa maîtreffe en préfence de fes foldats : les courtifannes qui les fuivoient dans des litières ouvertes en faifoient de même avec leurs amans, & toute cette troupe ne fongeoit qu'à s'amufer & à jouir de la vie.

Interea dùm fata finunt, jungamus amores.
(Tibull.)

Cette Cytheris avant que de s'attacher à Marc Antoine, avoit été aimée de Cornélius Gallus, fameux poëte, ami d'Augufte & de Virgile : elle lui préféra dans la fuite le Triumvir, &

Gallus pleura fon malheur dans des élégies qui furent admirées de toute l'antiquité. Jamais il ne put furmonter fa paffion pour cette femme qu'il défignoit dans fes vers fous le nom de la belle Lycoris, & rien n'eft plus touchant que fes plaintes qu'on lit dans la dernière éclogue de Virgile qui lui eft adreffée :

> Galle, quid infanis ? inquit : tua cura Lycoris
> Perque nives aliam, perque horrida caftra fecuta eft.....
> Hîc gelidi fontes; hîc mollia prata, Lycori :
> Hîc nemus, hîc ipfo tecum confumerer aevo.....
> Tu procul a patria (nec fit mihi credere tantum)
> Alpinas, ah, dura, nives, & frigora rheni
> Me fine fola vides. Ah, te ne frigora laedant !
> Ah, tibi ne teneras glacies fecet afpera plantas !.....
> Nec lacrymis crudelis amor, nec gramina rivis,
> Nec cytifo faturantur apes, nec fronde capellae.....
> Omnia vincit amor, & nos cedamus amori.

Cytheris quoique courtifanne avoit un coeur capable d'amour & de reconnoiffance ; elle ne voulut jamais quitter Antoine malgré fes revers ; elle le fuivit dans fa fuite après la bataille de Modène, elle partagea fes malheurs, le confola, & fe rendit plus eftimable par fes fentimens & cette conduite qu'elle n'étoit adorable par fes appas : elle méritoit une exception dans la belle ode d'Horace fur la fortune,

> Utcumque mutatâ potentes
> Vefte domos inimica linguis :
> Tunc vulgus infidum, & meretrix retrò
> Perjura cedit.

(Horat. Od. 35, lib. I.)

N. XIV.

Augufte avec Fulvie femme de Marc Antoine.

Camée d'Arellius.

Quoique Marc Antoine fût reconnu pour un débauché, cependant fes talens militaires, fa naiffance, fa figure, fa magnificence, fon humeur enjouée, & fur-tout fa force athlétique l'avoient mis fort à la mode auprès des Dames, & il n'en trouvoit guères de cruelles. Il s'étoit encore plus livré à ces plaifirs bacchiques après la mort de fa première femme, mais il parut fe modérer un inftant à l'occafion de fon mariage avec Fulvie : cette Dame avoit été mariée avec Clodius fameux par fon aventure aux facrifices de la bonne Déeffe, par fon inimitié avec Ciceron, & par fa mort tragique. Elle avoit un efprit fupérieur à fon fexe, s'amufoit peu aux foins domeftiques, & elle ne bornoit pas même fon ambition à dominer un mari qui ne fut qu'un fimple particulier, mais elle vouloit commander à un mari qui commandât aux autres ; & comme le dit Plutarque, elle vouloit être le général d'un époux qui fut lui-même à la tête d'une armée : elle étoit férieufe & d'une humeur grave, & il falloit toute la gaieté d'Antoine, qu'elle aimoit paffionnément, pour la réjouir, comme il faisoit très-souvent par des jeux, des bons mots, des contes plaisans, des caprices & d'autres gentillesses d'un jeune amant : après la défaite de Brutus & Cassius, Antoine partit pour se rendre dans l'Asie mineure, il y vit Glaphire femme d'Archélaüs, en devint amoureux, & oublia bientôt & Rome & Fulvie : il ne faut pas demander si elle fut sensible à cet outrage ; une ame fière ne peut supporter le mépris, & quelle est la femme qui pardonne de tels crimes ? Fulvie en fut pénétrée jusqu'au fond de l'ame, mais au lieu d'éclater en reproches, elle chercha une vengeance de la même nature. Octave étoit bel homme, il étoit l'égal & le collègue de son mari, maître de Rome & de toute l'Italie ; jeune & voluptueux, il aimoit les femmes & les recherchoit, quelle meilleure occasion pour Fulvie ! Elle voulut en profiter, joua la passionnée, & lui fit les avances les plus marquées ; mais le Triumvir, qui n'aimoit ni la personne de Fulvie ni son humeur impérieuse, méprisa ouvertement ses offres : elle tonna, menaça, fit beaucoup de bruit, Octave fut inexorable, & pour comble d'outrage, il renvoya Clodia sa fille qu'on lui avoit fiancée. Alors Fulvie poussée à bout ne ménagea plus rien, elle se fit des créatures, se lia avec L. Antoine son beau-frère, assembla des vétérans, & déclara la guerre à Octave, qui ne refusa point le parti, se prépara à combattre, & fit à cette occasion les vers suivans, qui font une preuve également de son esprit, de son libertinage & de sa confiance :

> Quod futuit Glaphyren Antonius , hanc mihi poenam
> Fulvia conftituit , fe quoque uti futuam.
> Fulviam ego ut futuam ? quid , fi me Manius oret
> Paedicem ? faciam ? Non puto , fi fapiam.
> Aut futue , aut puguemus ait : quid fi mihi vita
> Carior eft ipfa mentula ? Signa canant.

C'eft cette anecdote que le graveur Arellius a gravé fur le camée que l'on repréfente ici : l'on y voit Fulvie qui offre fes charmes à Augufte , celui-ci refufe, & fait figne à fes foldats de donner bataille , aimant mieux courir les rifques de la guerre que de fe livrer à cette femme. Cette guerre eut une fin malheureufe pour Fulvie & fon parti, quoiqu'elle-même y fît les fonctions de général & quelquefois de foldat avec une intrépidité digne d'un capitaine romain. *Fulvia nihil muliebre praeter corpus gerens , omnia armis tumultuque mifcebat.* (Vell. Patexc.) Elle fut obligée de quitter l'Italie & de fe réfugier auprès de fon époux infidèle qu'elle réuffit à détacher pour quelque temps des bras de Cléopatre , elle l'engagea dans fa querelle , & alloit élever entre les deux Triumvirs une guerre terrible quand Fulvie mourut à Sicyone.

Telle fut la fin de cette Romaine qui avoit un efprit & des qualités fupérieures , mais dont l'orgueil & la fierté effaçoient tous les agrémens : une femme doit être douce & complaisante si elle veut captiver peu à peu le cœur de son époux, & s'en rendre maîtresse : ce fut par-là que Livie parvint à régner despotiquement sur Auguste & sur tout l'empire. Tous les hommes seront là-dessus du sentiment de Juvénal :

> Malo Venusinam , quam te , Cornelia mater
> Gracchorum , si cum magnis virtutibus affers
> Grande supercilium , &c.
>
> (*Juven. Sat. 6.*)

Au contraire , quel est l'homme , si dur & si farouche , que la douceur , les caresses & les larmes d'une femme aimable ne touchent pas ? Ce sont les seules armes du sexe , mais des armes à qui l'on ne résiste jamais. Parménon avoit raison de dire à Phédria, qui s'emportoit furieusement contre sa belle maîtresse ,

> Haec verba , una me hercle falsa lacrumula
> Quam , oculos terendo miserè , vix vi expresserit ,
> Restinguet ; & te ultro accusabit , & dabis ei
> Ultrò supplicium.
>
> (*Terent. in Eunuc.*)

En effet, à peine Thais eut dit une douceur à son amant, qu'il se rendit , & fit tout ce qu'elle exigeoit de lui.

> Labascit , victus uno verbo , quam citò !

Antoine se croyoit trahi par Cléopatre , il étoit furieux, la cherchoit par-tout pour l'immoler à sa fureur , à peine elle paroît , lui jette un tendre regard , répand une larme , & voilà son amant à ses pieds. (*Dion. & Plut.*)

> Improbe amor quid non mortalia pectora cogis ?

N. XV.

Auguste avec la femme de Mécène, qui fait semblant de dormir.

Camée d'Arellius.

CUI *non dictus Hilas ?* Et qui est-ce qui ne connoît pas Mécène, le protecteur des muses, l'ami d'Horace & le favori d'Auguste ? Cet homme célèbre dont le nom est devenu un éloge, n'avoit pas les talens militaires d'Agrippa, mais personne ne l'égaloit dans l'art de gouverner les affaires, de donner de bons conseils & de manier les esprits, aussi partagea-t-il toujours avec Agrippa l'amitié d'Auguste. Il auroit pu s'élever aux plus hautes dignités, mais il se contenta du rang de chevalier romain : ses mœurs étoient douces, & même un peu trop voluptueuses, & Velleius Paterculus en fait ce portrait : *Caius Maecenas, equestri sed splendido genere natus, vir, ubi res vigiliam exigeret, sanè exsomnis, providens atque agendi sciens ; simul verò aliquid ex negotio remitti posset, otio ac mollitiis penè ultrà feminam fluens : non minùs Agrippâ Cæsari carus, sed minus honoratus ; quippe vixit angusto clavo planè contentus ; nec minora consequi potuit, sed non tam concupivit.* Ses amours, ses maîtresses

N. 15.

& ſes plaiſirs ont été auſſi célèbres que ſes talens,
ſon goût pour la poéſie, ſa dextérité dans les
affaires les plus difficiles, ſon amitié conſtante
pour Auguſte, & ſes libéralités envers Virgile,
Horace, & beaucoup d'autres beaux eſprits de
ce ſiècle fameux. Il aima ſur-tout Bathylle le
plus habile & le mieux fait des pantomimes,
qu'on appelloit *ignis & delicium Moecenatis.*
Cependant il eut toujours une paſſion très-vive
pour ſa femme Térentia, qui, par ſon eſprit
& ſa beauté, pouvoit le diſputer avec Livie:
en effet, elle rendit Auguſte amoureux, &
parmi tant de maîtreſſes qui recherchoient les
bonnes graces de l'Empereur, Térentia fut une
de celles qui régna le plus long-temps; Livie
le voyoit bien, mais toujours complaiſante, &
contente de dominer, elle fermoit les yeux
& favoriſoit même les goûts de ſon époux:
Mécène ne fut pas toujours ſi indifférent, &
Dion rapporte que la jalouſie s'en mêla, &
refroidit pour quelque temps l'amitié d'Auguſte
pour lui. Cependant Mécène étoit trop bon
courtiſan pour éclater, & un jour qu'Auguſte,
ſelon ſa coutume, étoit chez lui, & prenoit
des libertés un peu trop familières, le bon
Mécène, qui voyoit tout, feignit de dormir:
mais peu après s'appercevant qu'un autre des

amis d'Augufte vouloit auffi s'émanciper , & profiter de l'occafion , il fe tourna auffi-tôt en difant *Non omnibus dormio.*

Ce bon mot fut très-célèbre à Rome ; & l'on ne manqua pas d'en plaifanter l'auteur, & celui qui y avoit donné lieu. C'étoit bien de la part d'Augufte une très-grande injuftice d'abufer ainfi de l'amitié & de la confiance de fon ami, & de lui enlever le coeur d'une femme qu'il adoroit ; mais les Princes délicats & réfervés fur cet article ont toujours été rares.

La cour d'Augufte dans ce temps-là étoit la plus brillante & la plus galante qui fut jamais ; plufieurs Princeffes & d'autres femmes d'un rang inférieur, mais d'une beauté raviffante, en faifoient le plus bel ornement : on diftinguoit parmi toutes l'impératrice Livie, Julie la fille d'Augufte, la belle Cléopatre fille d'Antoine & de la malheureufe reine d'Egypte, Antonia la jeune, fille d'Antoine & d'Octavie, & l'aimable Térentia dont nous venons de parler : Julie auroit fait le charme de la cour fi elle avoit fu fe modérer. La jeune Cléopatre étoit une beauté achevée, & fut mariée à Juba Roi de Mauritanie, Prince d'une figure charmante & d'un mérite fupérieur : Antonia époufa Drufus frère de Tibère, & bien plus digne que lui de fuccéder à l'empire ; après la mort de Marcellus le peuple romain, pour fe confoler d'une fi grande perte, jetta les yeux fur Drufus & fonda fur lui fes plus douces efpérances, mais elles furent trahies par la deftinée toujours ennemie du bonheur des hommes : Drufus mourut au milieu de fes triomphes, Caïus & Lucius neveux d'Augufte furent emportés en très-peu de temps par le poifon, & Tibère fut adopté. Le bon goût fe rafina dans une cour compofée de tant de gens d'efprit, & ce fut à cette école qu'Horace prit cette délicateffe, cette fleur & cette fineffe qu'on admire dans fes ouvrages. Ce grand poëte aimoit tendrement Mécène, & l'a rendu immortel dans fes ouvrages ; ils vivoient enfemble dans la plus grande familiarité, & quittèrent la vie peu de temps l'un après l'autre. Horace avoit toujours fouhaité de ne pas furvivre à fon ami, & c'étoit du fond de fon cœur qu'il lui écrivoit :

> Ah ! te meae fi partem animae rapit
> Maturior vis, quid moror altera,
>   Nec carus aequè, nec fuperftes
>   Integer ? Ille dies utramque
> Ducet ruinam. Non ego perfidum
> Dixi facramentum : ibimus, ibimus,
>   Utcumque praecedes, fupremum
>   Carpere iter comites parati.
>
>   *(Horat. Od.* 17, *lib.* 2.)

N. XVI.

Tibère avec ses mignons & ses femmes.

Avant que de parler des débauches inouies de Tibère, il ne sera pas inutile d'en présenter ici le portrait tracé de main de maître par le plus grand peintre du coeur humain. *Tiberio* (dit Tacite, annal. lib. 6.) *pater Nero..... Casus prima ab infantia ancipites, morum tempora illi diversa : egregium vitâ famâque quoad privatus, vel in imperiis sub Augusto fuit, occultum ac subdolum fingendis virtutibus, donec Germanicus ac Drusus superfuere. Idem inter bona malaque mixtus, incolumi matre, intestabilis saevitia, sed obtectis libidinibus dum Sejanum dilexit timuitve. Postremò in scelera simul ac dedecora prorupit postquam remoto pudore & metu, suo tantum ingenio utebatur.*

Ce tableau est très-fidèle, & tiré d'après nature ; dès que Tibère se fut caché dans l'île de Caprées, il se livra à des infamies sans exemple : il avoit orné tous ses appartemens d'une infinité de tableaux & de statues obscènes, pour que chacun eût devant ses yeux l'image de quelque posture ou de quelque attitude lascive : la bibliothèque étoit remplie de livres

érotiques & voluptueux, & les ouvrages d'Ele-
phantis de Milet, d'Hermogène de Tarſe &
de Philenis y tenoient le premier rang. *Tunc
primum ignota ante vocabula reperta ſunt* SELLA-
RIORUM *&* SPINTRIARUM *, ex foeditate loci, ac
multiplici patientiâ.* (Tacit. loc. cit.)

Parmi le grand nombre de débauches aux-
quelles il s'abandonnoit dans cette île, celle
qui eſt repréſentée ſur cette médaille étoit des
plus recherchées, & bien propre à exciter la
luxure dans les ſens émouſſés d'un vieillard.
Des jeunes gens de l'un & de l'autre ſexe y
ſont repréſentés ſe livrant à toutes les eſpèces
de jouiſſances. *Qui triplici ſerie connexi, invicem
inceſtarent ſe coràm ipſo, ut adſpectu deficientes
libidines excitaret.* (Suéton.) Qui eſt-ce en effet
qui pourroit réſiſter à de tels ſpectacles ?

> Maſtubabantur Phrygii poſt oſtia ſervi
> Hectoreo quoties, ſederat uxor equo.
>
> *(Martial.)*

Dans ces derniers temps on a imaginé quelque choſe de ſemblable dans des parties de
débauche, qui ont été bien célèbres : un poëte
moderne les peint très-vivement :

> Que parmi de laſcives troupes
> De tes ſujets les plus zélés
> Le vin ſe verſe à pleines coupes
> Par la main des enfans ailés.

Que la nature sans nuages
Montre en eux tous ses avantages
Comme dans nos premiers aïeux :
Qu'ils tournent leurs mains irritées
Contre les modes inventées
Pour le supplice de leurs yeux. . . . . . .
Que plus d'une infame posture
Plus d'un outrage à la nature
Excitent d'impudiques ris,
Et que chaque digne convive
Y trouve une peinture vive
De Capoüe & de Sibaris.

Ovide, qui apprend si bien à faire l'amour, n'est pas moins un grand maître quand il nous donne des remèdes pour en guérir. Un des plus essentiels, c'est d'éviter toute image qui nous en retrace les plaisirs ; il pousse ce scrupule jusqu'à vouloir qu'on s'interdise les tableaux voluptueux, les théatres, les chansons & surtout la lecture des poëtes érotiques :

Callimachum fugito, non est inimicus amoris,
  Et cum Callimacho tu quoque, Coe, noces :
Me certe Sapho meliorem fecit amicae
  Nec rigidos mores Teïa musa dedit.
Carmina quis potuit tutô legisse Tibulli ?
  Vel tua cujus ope Cynthia sola fuit ?

                    (Ovid. de remed. amor.)

N. XVII.

*Tibère est dans son jardin, entou-
ré de petites grottes remplies
d'hommes & de femmes habillés
en Nymphes & en Satyres,
qui lui donnent mille spectacles
obscènes & variés.*

Peinture antique.

Voici une scène de théatre digne du Prince
qui présidoit à ces spectacles impudiques : la
peinture qui nous en reste est presqu'effacée
par l'humidité du souterrain & les injures du
temps, cependant on y distingue assez les
contours & l'ensemble : on y voit des femmes
jeunes & charmantes qui sont habillées en
Nymphes, & des jeunes hommes en Satyres ;
ils sont dispersés dans les jardins de Caprées,
& dans des grottes pratiquées exprès : Tibère
s'y promenoit avec ses amis, & à chaque détour
on appercevoit quelques couples de cette
troupe bacchique, qui se livroit à toutes les
obscénités possibles en la présence des passans,

N. 17.

on varioit les attitudes & les poſtures, & celle qui étoit la plus indécente & la plus ſcandaleuſe étoit la plus applaudie. *In ſilvis quoque ac nemoribus paſſim venereos locos commentus eſt, proſtanteſque per antra & cavas rupes, ex utriuſque ſexûs pube, Paniſcorum & Nympharum habitu : palamque jam & vulgato nomine inſulae abutentes,* Caprineum *diſtitabant.* (Suéton.)

Toutes ces infamies étoient connues à Rome, & les ſatyres, les bons mots & les quolibets n'y étoient pas épargnés. Tibère n'ignoroit pas tous ces bruits, quelquefois même il en rioit, mais très-ſouvent il s'en vengeoit cruellement. La cruauté étoit ſon vice dominant auſſi-bien que la débauche ; & pendant qu'il s'abandonnoit à toutes ſortes d'excès, & qu'il ſe plongeoit dans les plus infames voluptés, il ne ceſſoit de répandre le ſang ; il y avoit même à Caprées un endroit deſtiné au ſupplice des malheureux qui lui déplaiſoient : *Unde damnatos poſt longa & exquiſita tormenta praecipitari coram ſe in mare jubebat.* Il avoit ſouvent à la bouche ce mot d'un tyran célèbre, *Oderint dum metuant* ; & après la mort de la plupart de ſes parens, *Felicem Priamum vocabat, quod ſuperſtes omnium ſuorum extitiſſet.* (Suéton.)

Cependant il étoit quelquefois déchiré par

des remords ; il y avoit des momens où il ne pouvoit se souffrir lui-même : sa lettre au sénat est célèbre ; elle commence par ces mots : *Quid scribam vobis, Patres Conscripti : aut quomodo scribam, aut quid omninò non scribam, hoc tempore ? Dii me, Deaeque pejùs perdant, quàm quotidie perire sentio, si scio.* Et Tacite après les avoir cités fait cette belle observation : *Adeo facinora atque flagitia sua ipsi quoque in supplicium verterant. Neque frustra praestantissimus sapientiae (Plato) affirmare solitus est, si recludantur Tyrannorum mentes posse aspici laniatus, & ictus, quando ut corpora verberibus, ita saevitia, libidine, malis consultis animus dilaceretur.*

Les Euménides qui persécutoient Oreste avec leurs flambeaux, n'étoient autre chose que les cris & les reproches de la conscience, selon la belle remarque de Ciceron : les deux anciens tragiques Eschyle & Euripide ont fait des peintures affreuses des fureurs du fils d'Agamemnon déchiré par les furies,

> Cur tamen hos tu
> Evasisse putes, quos diri conscia facti
> Mens habet attonitos, & surdo verbere caedit,
> Occultum quatiente animo tortore flagellum ?
> Poena autem vehemens, ac multo saevior illis
> Quas & caeditius gravis invenit, & Rhadamanthus,
> Nocte dieque suum gestare in pectore testem.
>
> *(Juven. Sat. 13.)*

Et Séneque difoit juftement à propos de cette lettre de Tibère, *Hic confentiamus mala facinora confcientiâ flagellari, & plurimum illi tormentorum effe, quod perpetua illum follicitudo urget ac verberat.* (Senec. Epift. 97.)

N. XVIII.

Tibère nage , & l'on voit des enfans de l'âge le plus tendre qui se jouent entre ses jambes.

Peinture antique.

Une des plus grandes infamies de Tibère , c'est le sujet de cette peinture antique. C'est un prodige d'invention & de débauche , qui peut-être n'a point d'exemple : il avoit dressé des petits garçons à se jouer entre ses jambes dans le temps qu'il nageoit , & à le sucer avec leurs lèvres en différens endroits ; il appelloit ces enfans ses petits poissons. *Majore adhuc & turpiore infamiâ flagravit , vix ut referri audirive , nedum credi fas sit. Quasi pueros primae teneritudinis , quos pisciculos vocabat , institueret , ut natanti sibi inter femina versarentur, ac luderent : lingua morsuque sensim appetentes , atque etiam quasi infantes firmiores , necdum tamen lacte depulsos , inguini ceu papillae admoveret.* (Suéton.) Parmi ces jeunes enfans il y en avoit plusieurs de la plus haute naissance : c'étoit de la part de Tibère un rafinement de tyrannie , que d'abuser

ainſi de tout ce qu'il y avoit de plus diſtingué ;
« Il avoit, dit Tacite, des eſclaves, dont la
» commiſſion étoit de chercher & de lui amener
» des enfans de l'un & de l'autre ſexe, avec la
» liberté de faire des préſens aux pères & mères
» qui les livroient de bonne grace, & d'exercer
» ſur eux toutes ſortes de violences, comme
» ſur des priſonniers de guerre, s'ils s'aviſoient
» de les refuſer ». Quel deſpotiſme & quelle
dépravation ! Au reſte, cette reſſource des
petits enfans étoit néceſſaire à ſon épuiſement :
*Pronior, ſanè ad id genus libidinis & naturâ &
aetate.* (Suéton.) Ce Prince débauché, quoique déja dans un âge fort avancé, avoit con-
ſervé du goût pour des plaiſirs, qu'il ne pouvoit
plus ſatisfaire : ſans force & ſans vigueur il étoit
obligé de recourir à ces infames reſſources pour
ranimer chez lui la nature épuiſée : un vieillard
uſé ne pouvoit plus ſatisfaire les femmes chez
qui, pour l'ordinaire,

> La fortune ni la naiſſance
> Ni la faveur ni la puiſſance
> N'y remportent jamais le prix,
> Mais ſur tous les autres préſide
> Quiconque à la vigueur d'Alcide
> Sous le viſage de Pâris.

Auſſi le bon Juvénal conſeilloit-il à ſon ami
Poſthumius de laiſſer-là toutes les femmes, &
de ſe borner à ſon mignon :

Nonne putas melius , quod tecum Puſio dormit?
Puſio qui noctu non litigat? exigit a te
Nulla jacens illic munuſcula ; nec queritur quòd
Et lateri parcas , nec , quantum juſſit, anheles.

(Juven. Sat. 6.)

Quelquefois cependant ces jeunes garçons
n'étoient pas moins indiſcrets & exigeans que
les femmes : Pétrone nous fait une plaiſante
hiſtoire d'un jeune garçon qui, pour ſe venger
de ſon ami qui lui avoit promis un préſent &
avoit manqué de parole , après s'être bien fait
prier , ſe laiſſa enfin careſſer. Après quelques
momens , il ſe tourne du côté de ſon amant,
& lui dit , *fac iterum* ; une heure après il
l'éveille, & lui dit, *numquid vis ?* l'amant fatigué
s'abandonne de nouveau au ſommeil , & le
petit méchant , *interpoſita minùs hora pungere
manu cepit , & dicere quare non facimus ?* & il
fallut que le pauvre amant, n'en pouvant plus,
le fît taire en le menaçant d'éveiller ſon père ,
aut dormi aut ego jam patri dicam.

Il eſt vrai que pour l'ordinaire , c'étoient
les femmes qui étoient ſi exigeantes ; Quartilla

dans Pétrone, dit qu'elle ne conçoit pas comment il est possible qu'une jeune femme laisse passer un jour *sine lineâ*. L'impératrice Zoë avoit chaque jour quatre pages robustes à ses gages, & se plaignoit de ses abstinences; & Octavie dans Aloisia ne fait que dévoiler le secret du sexe en regrettant que les forces des hommes ne soient pas proportionnées à celles des femmes dans ce doux débat.

N. XIX.

Tibère, & le tableau grec d'Atalante & de Méléagre.

Camée de Lyſias de Corinthe.

Parmi les ornemens voluptueux & recherchés dont Tibère avoit meublé à des frais immenſes ſes délices à Caprées, on doit ſur-tout
diſtinguer le fameux tableau de Parrhaſius,
dans lequel on voyoit Atalante à genoux devant
Méléagre le careſſant de la manière la plus
obſcène : on l'avoit légué à l'Empereur à condition que s'il étoit choqué de l'obſcénité du
ſujet, il recevroit à la place un million de
ſeſterces. Non-ſeulement Tibère l'accepta,
mais il le conſacra dans ſa chambre avec beaucoup de pompe. Ce tableau & cette conſé-
cration furent gravés par Lyſias. Cette infamie
eſt née à Lesbos, & de-là elle a infecté toute
la terre ; les gens âgés qui l'ont une fois connue
ne s'en corrigent jamais, parce qu'elle eſt
favorable à leur foibleſſe. Prométhée, dit la
fable, eſt le premier auteur de cette fo¹ie ;
ayant formé l'homme, il y avoit malheureuſement oublié la partie qui le diſtingue ; il

s'apperçut de fa faute , & la répara en lui en donnant une , compofée de la terre la plus pure qu'il put rencontrer. Avant de la mettre en place , il la lava dans une fontaine qui étoit près de lui , il forma enfuite le corps de la femme , & déroba un rayon du feu célefte , dont il les anima l'un & l'autre : quelques inftans après la femme eut foif , elle fe défaltéra dans cette fontaine , & voilà la fource de la fympathie que ces deux parties ont entr'elles.

Le poëte Martial ne cefloit de badiner fur ce goût dépravé des femmes de fon temps : il feroit trop long de rapporter ici toutes fes épigrammes , nous nous contenterons d'en choifir quelques-unes ; il écrit à Eglé :

> Cantafti male dum fututa es Aegle :
> Jam cantas bene , bafianda non es.

Il dit fort plaifamment à Lesbie :

> Quod fellas , & aquam potas , nil Lesbia peccas :
> Quâ tibi opus eft , Lesbia , fumis aquam.

Mais fes deux meilleures épigrammes fur cette matiere , font celles fur Chione & Thaïs :

> Narrat te rumor , Chione , nunquam effe fututam
> Atque nihil cunno purior effe tuo.
> Tecta tamen non hac , qua debes , parte lavaris ,
> Si pudor eft , transfer fubligar in faciem.

Voici la seconde :

> Non est in populo nec urbe tota
> A se Thaida qui probet fututam ,
> Cum multi cupiant , rogentque multi :
> Tam casta est, rogo, Thaïs ? immo fellat.
>
> *(Mart. lib. 2 & 3.)*

Les vieillards , dont la vigueur est affoiblie , ont principalement besoin de cette ressource ; & une belle femme , dans l'attitude que Parrhasius avoit donné à Atalante , est bien capable de rendre la vie & la force à un être languissant & demi-mort ; ses caresses & ses charmes sont de vrais philtres amoureux :

> . . . . quibus incendi jam frigidus aevo
> Laomedontiades , & Nestoris hernia possit.
>
> *(Juven. Sat. 6.)*

Parmi les modernes le grand capitaine Gonzalve dans sa vieillesse étoit adonné à cette espèce de plaisir ; une jeune fille âgée de vingt ans lui prêtoit son ministère , *& tacito adlaborabat ore* , selon la phrase de Martial dont nous citerons encore l'épigramme sur Eschilus qui se plaisoit à ce genre de volupté :

> Lascivam tota possedi nocte puellam
> Cujus nequitiam vincere nemo potest.
> Fessus mille modis , illud puerile popofci ,
> Ante preces totas , primaque verba dedit.
> Improbius quiddam ridenfque , rubenfque rogavi ,
> Pollicita est nulla luxuriosa mora :
> Sed mihi pura fuit , tibi non erit , Aeschyle : si vis
> Accipe & hoc munus conditione mala.

N. XX.

Tibère assiste à un sacrifice, & s'enflamme pour deux jeunes hommes.

Camée de Lysias.

FAcilius est cupiditates resecare quam alere, dit Ciceron : rien de plus vrai & de plus philosophique que cette sentence ; les passions sont insatiables dès qu'on s'y livre , & il est bien plus aisé de les modérer au commencement que de les satisfaire , même en leur procurant tout ce qu'elles demandent. Elles entraînent d'abyme en abyme, & vous conduisent à des excès qui déshonorent l'humanité. Tel est le crime énorme & monstrueux où la fureur de la débauche précipita Tibère , & qui fait le sujet de ce camée de Lysias. L'Empereur assistoit à un sacrifice , le Prêtre étoit jeune & bien fait, il en devient amoureux, & ne pouvant se contenir , *vix dùm re divinâ peractâ, ibidem statim seductum constupraret , simulque fratrem ejus tibicinem.* (Suet.) Quelle horreur, & quelle affreuse dépravation ! Mais pourquoi en serions-nous si surpris , puisque la plupart des fêtes & des solemnités des anciens avoient pour objet ou des dieux très-vicieux, ou même

N. 20.

des actions & des événemens infames & scan-
daleux ? Perfonne n'ignore ce que c'étoit que
les bacchanales & les lupercales ; nous avons
vu ce qui arriva du temps de Céfar aux fêtes
de !a bonne Déeffe, écoutons encore ce qu'en
dit Juvénal :

> Nota bonae fecreta Deae , quum tibia lumbos
> Incitat ; o quantus tunc illis mentibus ardor
> Concubitus ! quae vox faltante libidine ! . . . .
> Tunc prurigo morae impatiens . . . .
> . . . . defunt homines , mora nulla per ipfam ,
> Quo minùs impofito clunem fubmittat afello.

(Juven. Sat. 6.)

Les jeux floraux étoient un fpectacle
d'obfcénités : *Flora illa*, dit Arnobe, *meretrix
obfcoenitate ludorum.* L'effronterie des femmes,
leurs mouvemens, leurs geftes & leurs attitudes
impudiques en faifoient la partie la plus brillante,
& le peuple, paffant du théatre *ad lupanaria*,
célébroit la folemnité de ces jours ; la fatyre
de Martial eft connue :

> Noffes jocofae dulce cum facrum Florae
> Feftofque lufus , & licentiam vulgi,
> Cur in theatrum , Cato fevere , venifti ,
> An ideo tantum veneras , ut exires ?

On fait les contrats amoureux qui fe faifoient
dans le temple d'Ifis :

> Jamque exfpectatur in hortis,
> Aut apud Ifiacae potiùs facraria lenae. *(Juven. loc. cit.)*

Si Tibère ne put se contenir en voyant un beau jeune homme qui présidoit au sacrifice, il ne fit rien qui fût extraordinaire dans un siècle si corrompu. La satyre 9 de Juvénal sur la dépravation des Romains & des Grands sur-tout, en fait de pédérastie, est un tableau unique, & sa sixieme satyre contre les femmes n'en approche pas même ; nous choisirons ce seul trait : un jeune homme se plaint de l'avarice de son amant, il lui reproche ses complaisances mal payées ; & enfin pour lui ôter toute excuse, il ajoute :

> Verum ut dissimules, ut mittas caetera, quanto
> Metiris pretio, quod, ni tibi deditus essem
> Devotusque cliens, uxor tua virgo maneret ?
> . . . . Fugientem saepe puellam
> Amplexu rapui : tabulas quoque ruperat, & jam
> Signabat, totâ vix hoc ego nocte redemi,
> Te plorante foris. Testis mihi lectulus, & tu
> Ad quem pervenit lecti sonus, & dominae vox.
> Instabile, ac dirimi coeptum, & jam paene solutum
> Conjugium in multis domibus servavit adulter . . . . .
> . . . . Foribus suspende coronas
> Jam pater es ; . . . .
> Jam tibi filiolus, vel filia nascitur ex me,
> Jura parentis habes, propter me scriberis heres.

Voilà certes une belle obligation que Virron avoit à son mignon Nevulus, qui avoit joui de sa femme dont Virron ne se soucioit guères,

& qu'il céda à son Antinoüs pour en avoir un héritier, *O tempora, o mores !*

Tibère ajouta la cruauté à l'outrage : trouvant un jour les deux frères qui se reprochoient réciproquement leurs débauches, il leur fit casser les jambes à tous les deux : ô la terrible situation que celle de vivre sous un tyran, qui ne permet pas même la plainte !

Tacitique sepultos
Suspirant gemitus, indignarique verentur.

(Claudien.)

N. XXI.

Tibère assis avec une troupe de femmes perdues.

Camée de Térence , affranchi.

VOICI le comble de l'infamie & de la dépravation. Tibère épuisé par ses débauches ,
par son âge & par les infirmités dont il étoit
accablé , cherchant toujours le plaisir qui le
fuyoit , rassembloit des troupes de Nymphes
qu'il engageoit à le baiser & à le sucer dans
un endroit que la pudeur ne permet pas de
nommer , & promenant ses yeux & ses mains
sur les charmes de ces jeunes filles , il s'occupoit
lui-même à lécher les parties les plus secrettes
de celle qui avoit su l'enflammer davantage:
ce nouveau genre de débauche fit le sujet d'un
camée de Térence , & donna lieu à une plaisanterie très-fine qui fut très-goûtée & très-
applaudie lorsque l'acteur de l'Atellane disoit
en plein théatre :

Hircum vetulum capris naturam ligurire.

Et l'infortunée Mallonie , dont nous parlerons
dans l'article suivant , fit là-dessus de sanglans
reproches à Tibère avant que de mourir :

N. 21.

*Obscenitate oris hirsuto atque olido seni clarè expro-
bratâ*, dit Suétone.

Nous avons vu ci-devant que Martial s'étoit
donné carrière sur ce sujet contre les femmes ;
mais ce qui doit paroître bien plus extraordinaire, & qui n'est pas moins vrai, c'est
la fureur des hommes pour cette espèce de
volupté : le même poëte n'a pas non plus
épargné les hommes dans ses sarcasmes ; l'épigramme contre les deux frères est célèbre :

> Sunt gemini fratres, diversa sed inguina lingunt
> Dicite dissimiles sint magis an similes ?

Et celle contre Sextillus :

> Rideto multum, qui te, Sextille Cinaedum
> Dixerit, & digitum porrigito medium.
> Sed nec paedico es, nec tu Sextille fututor
> Calda vetustinae nec tibi bucca placet :
> Ex istis nihil es, fateor, Sextille, quid ergo es?
> Nescio, sed tu scis res superesse duas.

Les poëtes grecs ne tarissoient pas sur un si
beau sujet de plaisanterie & de satyre ; & l'on
connoît ces deux épigrammes de l'anthologie,
dont nous rapporterons la traduction :

> Alpheios fuge, osculatur sinus Arethusae
> Pronus incidens in salsum pelagus.
> * * * * * * * * *
> Non quod cunnum lingis, ob id te odi,
> Sed quod illud facis etiam sine cunno.

Cette dépravation abominable a été plus du goût des Romains que des Grecs, dans leurs beaux jours & dans le temps de leur luxe & de leurs plaisirs; mais en revanche les femmes grecques furent accusées d'être passionnées pour leur sexe, & quoique parmi les Romaines il y eût aussi des Tribades, & que Martial en parle dans ses épigrammes, cependant les femmes d'Ionie & de Lesbos sont celles qui se font le plus distinguées en cultivant ce genre de volupté : Philénis, dit-on, en fut l'inventrice ; Iphis, le tendre & malheureux Iphis, brûloit ainsi pour la belle Ianthé avant que d'avoir changé de sexe, & ses plaintes dans Ovide sont très-pathétiques : & qui est-ce qui ne connoît pas les fureurs & les amours de la tendre Sapho ? Cette dixième Muse aimoit ses compagnes avec autant de passion, qu'elle aima depuis l'insensible Phaon : les fragmens qui nous restent de ses poésies font un monument immortel de son goût, de son esprit & de la vivacité de ses transports:

> Vivuntque commissi calores
> Aeoliae fidibus Puellae.
>
> *(Horat.)*

Quoi de plus vif & de plus passionné que cette ode à sa belle Cypria, qui fit l'admiration de

toute l'antiquité , que Longin a tant louée ,
& que Catulle n'a pas dédaigné de traduire ?

Ille mi par esse Deo videtur ,
Ille , si fas est , superare Divos ,
Qui sedens adversus identidem te
    Spectat & , audit
Dulce ridentem , misero quod omnes
Eripit sensus mihi : nam , simul te ,
Cypria , aspexi , nihil est supermi
    Quod loquar amens.
Lingua sed torpet ; tenues sub artus
Flamma dimanat ; sonitu suopte
Tintinant aures ; gemina teguntur
    Lumina nocte.
Manat & sudor gelidus , tremorque
Occupat totam , velut herba pallent
Ora , spirandi neque compos , orco
    Proxima credor.

N. XXII.

Tibère & Mallonie.

TIBERE n'épargnoit pas même les Dames du plus haut rang : ſes ſatellites les lui amenoient de gré ou de force , & les amis intimes du Prince n'étoient pas exceptés, comme le prouve l'hiſtoire de Marcus Sextus. Ce ſénateur vivoit dans la plus grande familiarité avec Tibère , c'étoit même une eſpèce de favori , qui , par la protection & l'appui de l'Empereur , avoit acquis des richeſſes immenſes & une puiſſance ſans bornes ; malgré cela il fallut , pour qu'il évitât le ſort de tant d'autres , qu'il cachât aux yeux de la cour ſa fille , qui étoit un prodige de beauté , & qu'il ſe privât du plaiſir de vivre avec elle ; il fut obligé de l'éloigner , mais ſes précautions furent cauſe de ſa perte & de celle de ſa fille , car il fut accuſé peu de temps après d'en abuſer lui-même , & il fut condamné avec elle au dernier ſupplice. C'étoit peut-être la jalouſie de Tibère qui le chargeoit de ce crime , peut-être auſſi s'en étoit-il ſouillé , car dans ce ſiècle de corruption il y eut plus d'un Auguſte & plus d'une Julie :

Paucae adeo Cereris vittas contingere dignae
Quarum non timeat pater oscula.

(*Juven. Sat. 6.*)

Mais l'histoire qui fit alors le plus grand bruit, ce fut celle de la malheureuse Mallonie, dont nous avons la médaille : *Quam perductam, nec quidquam ampliùs pati constantissimè recusantem, delatoribus objecit : ac ne ream quidem interpellare desiit, Ecquid poeniteret? Donec ea, relicto judicio domum se abripuit, ferroque transegit.* (Sueton.) Et ce fut alors qu'elle lui fit le reproche honteux que nous avons rapporté à l'article précédent. Cette illustre Romaine mérita ainsi autant d'éloges que l'ancienne Lucrèce, dont à l'occasion du malheur de Mallonia, on ne manqua pas à Rome de rappeller l'histoire & de comparer Tibère au fils de Tarquin, qui avoit deshonoré une Dame si respectable.

Dans les beaux jours de la République on préféroit la mort au deshonneur, témoin le père de Virginie qui aima mieux immoler sa fille que de l'abandonner à la brutalité du Décemvir : mais les moeurs dégénérèrent peu à peu, & la dépravation devint horrible ; il y eut cependant de temps en temps des exemples de l'ancienne sévérité. L'histoire de Lusius neveu du fameux Marius est célèbre : ce tribun

étoit paſſionnément amoureux du jeune Tri-
bonius ſoldat d'une figure telle qu'on peint
Adonis ou Nirée, mais ſes ſollicitations étant
inutiles, il ſe ſervit d'un ſtratagème : il lui
envoya ordre de le venir trouver, Trébonius
obéit, Luſius voulut lui faire violence, mais
le jeune homme ne pouvant s'échapper autre-
ment tira ſon épée & le tua d'un ſeul coup :
on l'accuſa devant Marius oncle du mort &
général en chef; l'accuſé ſe défendit, expoſa
le fait, le prouva, & Marius, au lieu de le
punir, le récompenſa aux yeux de toute l'armée.

Si Philippe, Roi de Macédoine & père du
grand Alexandre, eût eu le même courage &
la même intégrité envers Attalus qui avoit
deshonoré le jeune Pauſanias, celui-ci n'auroit
pas trempé les mains dans le ſang de ſon Roi,
& ce grand Prince n'eût pas été tué au milieu
de ſes grands projets & dans le cours de ſes
proſpérités.

Cependant il n'eſt que trop vrai, que du
temps de Tibère, peu de femmes ſuivirent
l'exemple de Mallonia ; elles cherchoient au
contraire tous les moyens de plaire non-ſeulement au Prince, mais encore à ſes favoris.
Séjan, qui jouiſſoit de toute l'autorité, n'avoit
pas aſſez de temps à donner aux femmes de

la plus haute qualité qui le recherchoient avec empreſſement ; il oſa même lever les yeux ſur la famille régnante, & ayant réuſſi à corrompre Livie femme de Druſus fils ainé de Tibère, il forma avec elle le projet d'empoiſonner ſon mari ; car, comme le remarque Tacite, une femme qui a une fois renoncé à l'honneur ne ſait plus rien refuſer : rien n'eſt plus vrai que cette réflexion , & Properce eſt là-deſſus d'accord avec Tacite dans les vers ſuivans :

Vos , ubi contemti rupiſtis frena pudoris ,
   Neſcitis captae mentis habere modum. . . . . . .
Teſtis , Cretaei faſtus quae paſſa juvenci
   Induit abiegnae cornua falſa bovis. . . . . . .
Crimen & illa fuit patria ſuccenſa ſenecta
   Arboris in frondes condita Myrrha novae.
Nam quid Medeae referam , quo tempore matris
   Iram natorum caede piavit amor ?
Quidve Clytemneſtrae , propter quam tota Mycenis
   Infamis ſtupro ſtat Pelopea domus ?

N. XXIII.

Caligula, jeune encore, couché avec sa soeur Drusille, est surpris par sa grand'mère Antonia.

CALIGULA successeur de Tibère, fils de Germanicus & d'Agrippine, fut un monstre de cruauté, de lubricité & de folie : il avoit su dissimuler ses vices, & cacher si bien son naturel aux yeux de la cour & des Romains, qu'on dit de lui, quand il se montra au naturel, *Neque meliorem unquam servum, neque deteriorem dominum fuisse.* Tibère, qui se connoissoit en hommes, n'avoit point été la dupe de sa dissimulation : il disoit quelquefois en soupirant, *exitio suo omniumque Caium vivere, & se natricem (serpentis id genus) populo Romano, & Phaetontem orbi terrarum educare.* Un jour que Caligula se moquoit de Sylla, Tibère lui répondit en colère, *omnia te Sullae vitia, & nullam ejusdem virtutum habiturum praedico.* (Sueton.) Nous ne parlerons ici que de ses débauches : il commença de bonne heure à s'y livrer, & il débuta dans cette carrière par un inceste. Il étoit encore tout jeune, & élevé alors avec ses soeurs chez Antonia sa grand'mère. Cette respectable femme, ayant sans doute eu quelque lieu de concevoir un pareil soupçon, se leva un jour de grand matin, pénétra sans faire de bruit dans l'appartement de ses petites filles, & trouva leur frère Caius couché avec Drusille dont il goûtoit les prémices : *Ex his Drusillam vitiasse virginem praetextatus adhuc, creditur, atque etiam in concubitu ejus quondam deprehensus ab avia Antonia, apud quam simul educabantur.* (Sueton.) Nous verrons dans la suite qu'il n'épargna pas ses deux soeurs cadettes, mais ce fut Drusille qui captiva son coeur, & il fit mille folies pour elle : l'ayant fait épouser à L. Cassius Longinus, homme consulaire, il la lui arracha, la garda chez lui, & la traita toujours comme sa femme : dans une maladie où l'on craignit pour ses jours, il lui laissa tous ses biens, la déclara héritière de l'empire ; & après que la mort la lui eut enlevé, il ordonna un deuil public, & il poussa la douleur & la démence à un tel excès, qu'il défendit, sous peine de mort, de rire, de se baigner & de souper avec sa famille.

Ces amours incestueux étoient alors fort à la mode : nous avons déja vu que Clodius, l'ennemi de Ciceron, en avoit été publiquement soupçonné ; & nous pourrions citer ici plusieurs autres exemples de cette dépravation qui ne furprenoit prefque plus perfonne , tant les moeurs étoient corrompues. Chez les Perfes & chez les Egyptiens il étoit permis d'époufer fa foeur, & l'on fait que la fameufe Cléopatre, avant que de fe livrer à l'amour de Céfar, avoit déja époufé fon frère Ptolomée , avec qui elle vivoit comme fon époufe légitime ; mais les Grecs & les Romains ont toujours eu de l'horreur pour ces fortes de mariage , & Agrippine nièce de Claude ayant voulu époufer fon oncle , ce prince n'ofa pas s'y déterminer fans y être autorifé par un décret particulier du fénat, dont la fervile complaifance fe plia aifément à la volonté du defpote : & malgré ce décret, Agrippine qui avoit féduit l'Empereur par fes careffes , fut toujours l'objet de l'exécration du peuple , qui lui pardonnoit plutôt fes adultères , fon avarice , fon ambition & fes violences que fon mariage avec fon oncle.

Dans la belle Héroïde de Canace à Macarée , Ovide nous peint d'après nature la honte de cette fille infortunée qui , s'étant abandonnée à un amour criminel pour fon frère , fut enfuite la victime de la cruauté d'Eole fon père; mais l'hiftoire de Byblis , dans le livre 9 des Métamorphofes , eft encore plus touchante :

Byblis in exemplo eft , ut ament conceffa puellae.
Byblis Apollinei correpta cupidine fratris ,
Non , foror ut fratrem , nec quà debebat amavit.

Elle s'abandonnoit avec Caunus à toute sa tendreſſe , & le careſſoit avec l'innocence d'une
ſoeur : l'amour ſe gliſſa peu à peu dans ſon
coeur , elle s'en apperçut , & en fut effrayée ,
mais elle ne put réſiſter ; elle écrivit à ſon frère ,
lui déclara ſa flamme , & en fut rebutée avec
horreur. Son déſeſpoir fut extrême , elle s'au-
toriſoit de l'exemple des Dieux , ſe jetta aux
pieds de Caunus qui fut inflexible. Alors la
malheureuſe Byblis hors d'elle-même , voyant
ſon frère parti , n'eut plus de frein , elle avoua
publiquement ſa paſſion :

> Jamque palam eſt demens ; inconceſſamque fatetur
> Spem veneris.

Elle quitta la maiſon paternelle , pour aller
chercher par-tout l'objet de ſa tendreſſe criminelle ; elle s'abandonne à ſa douleur , ſe refuſe
à toutes les conſolations de ſes compagnes ,
nomme Caunus , l'appelle à ſon ſecours , &
meurt enfin conſumée d'amour & de regrets.
Les Nymphes , ſelon la fable , la transformèrent
en une fontaine :

> Sic lacrymis conſumpta ſuis Phoebeïa Byblis
> Vertitur in fontem , qui nunc quoque vallibus illis
> Nomen habet dominae , nigrâque ſub ilice manet,

N. XXIV.

Caligula couché au milieu de ses trois soeurs, à table.

Médaille.

Quoique Caligula fût éperdument amoureux de Drusille, lui qui se croyoit tout permis,
& qui disoit à son aïeule Antonia, *Scito mihi
omnia, & in omnes licere* ; il auroit cru déroger
à sa puissance, s'il avoit épargné ses autres
soeurs : il avoit un commerce criminel avec
toutes trois, & dans tous ses grands repas il
les faisoit asseoir l'une après l'autre à sa gauche,
les caressoit & s'amusoit avec elles sans aucune
réserve, en présence de sa femme qui étoit
assise à sa droite, & de tous les conviés. Il
s'autorisoit de l'exemple de Jupiter ; & Dion
Cassius rapporte de lui : *Jovem enim se fingebat
esse, solitus dicere ob eam causam se cum plerisque
mulieribus, sed praesertim cum sororibus rem habere.*
Cependant il n'aimoit pas les deux cadettes
autant que Drusille, puisqu'il poussa le mépris
& l'indifférence pour elles, jusqu'à les prostituer
à ses bouffons & à ses mignons : qu'on juge
par-là des horreurs qui se commettoient dans
son palais ! Enfin il voulut s'en défaire pour

profiter de leurs richeſſes ; il eut l'audace de les accuſer d'adultère, & les condamna à l'exil.

Ce Prince étoit ſanguinaire, & ſe plaiſoit au milieu des bourreaux, des ſupplices & des mourans, autant & plus que dans les parties de plaiſir. Irrité contre les Romains & ne pouvant ſe raſſaſier de carnage, il dit ce mot ſi célèbre dans toute l'antiquité *Utinam populus romanus unam cervicem haberet.* On l'entendoit quelquefois ſe plaindre de ſon malheur de ce qu'il n'arrivoit aucune calamité publique ſous ſon règne : *Queri etiam palàm de conditione temporum ſuorum ſolebat, quod nullis calamitatibus publicis inſignirentur ...... ſui oblivionem imminere proſperitate rerum. Atque identidem exercituum caedes, famem, peſtilentiam, incendia, hiatum aliquem terrae optabat.* (Sueton.)

Comment eſt-il poſſible qu'un homme qui aime les femmes & les plaiſirs eût une ame ſi atroce, & ſi avide de ſang humain ? On dit que l'amour adoucit la férocité des animaux même les plus cruels, & change le caractère : Céſar diſoit qu'il ne craignoit ni Antoine ni Dolabella, parce que des gens toujours parfumés & livrés à leurs plaiſirs n'ont ni le temps ni la volonté de commettre des crimes atroces ; les anciens ont feint que Pluton même céda

aux charmes inconnus de la volupté, & calma
ses fureurs : il alloit bouleverser le monde,
on lui parle de noces, & d'une belle femme :

> Vix ille pepercit
> Erubuitque preces, animusque relanguit atrox,
> Quamvis indocilis flecti : ceu turbine rauco
> Cum gravis armatur boreas, glacieque nivali
> Hispidus, & getica concretus grandine pennas
> Flare cupit, pelagus, silvas, camposque sonoro
> Flamine rapturus ; si forte adversus ahenos
> Aeolus objecit postes, vanescit inanis
> Impetus, & fractae redeunt in claustra procellae.
>
> *(Claudian. de raptu Proserp.)*

Tout cela est vrai, mais il faut distinguer
l'amour honnête, délicat & tendre, de la
débauche. Cette dernière peut s'allier avec
tous les crimes, comme nous le verrons en
parlant d'autres Empereurs tous également
cruels & débauchés ; ce n'est qu'à l'amour honnête qu'il est donné d'élever l'ame, d'adoucir
les moeurs, & d'être le plus ferme appui de la
vertu : les mêmes anciens en étoient bien per-
suadés, eux qui distinguoient la Vénus terrestre
de la Vénus Uranie ou céleste ; & c'est de
cette dernière qu'ils chantoient cette hymne si
belle attribuée à un poëte nommé Proetus, &
dont voici la traduction, tirée d'une collection
de poëtes grecs :

Sed Dea, ubique enim habes acutè audientem aurem ;
Sive coerces magnum coelum , illuc te dicunt
Animam aeterni mittere mundi divinam ;
Sive & septem circulorum super rotas aethere habitas ,
Splendoribus nostris potentias profundens indomitas ;
Audi & laboriosam meam vitae profectionem
Guberna tuis veneranda justissimis sagittis ,
Sedans desideriorum haud piorum horridum amorem.

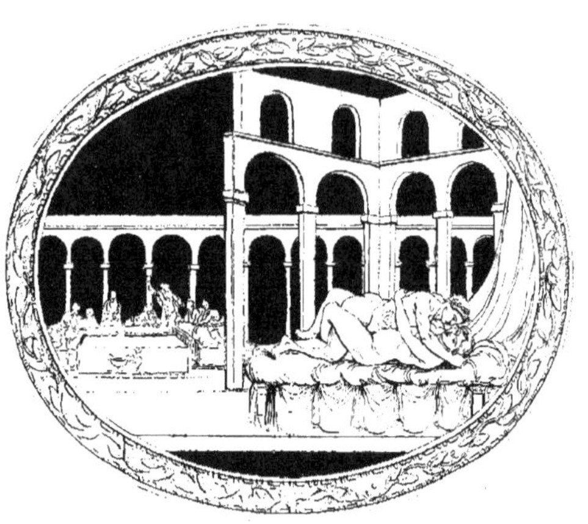

N. XXV.

Caligula est à table, voit la femme de Pison, en devient amoureux, se lève, & l'entraîne dans une autre chambre.

Médaille.

UN homme qui couchoit publiquement avec ses foeurs, & qui les prostituoit à ses compagnons de débauche, ne devoit pas épargner les matrones & les femmes de ses amis. Dion Cassius nous peint emphatiquement en peu de mots jusqu'où l'Empereur Caligula poussa le libertinage : *Adulter praeter ceteros homines fuit.* Et Suétone achève le tableau, en disant : *Non temere ulla illustriore foemina abstinuit.* Il invitoit souvent à souper des jolies femmes avec leurs maris, & les passant en revue les unes après les autres il les examinoit attentivement par-tout, comme des esclaves qu'il eût voulu acheter, en élevant même avec sa main le visage de celles à qui la pudeur faisoit baisser les yeux. Il sortoit enfin de la salle du festin avec celle qui lui avoit plu davantage, & il y rentroit peu de temps après avec toutes les marques de son infamie,

N. 25.

louant en préfence de tous les conviés ce qu'il avoit trouvé bon , & blâmant ce qui ne l'avoit pas fatisfait.

Il eft difficile de décider fi Caligula fe déshonora davantage , en prenant des époufes, ou en les gardant ou en les répudiant. Ayant appris que l'aïeule de Lollia Paulina avoit été célèbre par fa beauté, il la fit venir de Macédoine où fon mari Memmius perfonnage confulaire étoit à la tête d'une armée; & il l'époufa après avoir obligé Memmius à la lui fiancer, pour ne pas paroître agir contre les loix en oubliant cette cérémonie , tant il fe moquoit avec impudence de ce qu'il y avoit de plus facré ; & comme il étoit auffi capricieux & inconftant, qu'ardent & impétueux , il la renvoya peu de temps après en avoir joui , en lui défendant d'entrer jamais dans le lit de perfonne : mais ce qui le caractérife davantage c'eft fon hiftoire avec Livie Oreftille femme de C. Pifon qui eft repréfentée dans cette médaille : ayant été invité au feftin de leurs noces, il vit Pifon fe placer auprès d'Oreftille; & en étant devenu tout-à-coup amoureux , il fit dire à Pifon de ne pas avoir l'audace de toucher la femme de Céfar, *Noli uxorem meam premere* , & fans attendre fa réponfe il fortit de

table & emmena avec lui cette jeune beauté, &
le lendemain il fit publier un édit pour juftifier
cette violence, dans lequel il déclara qu'il s'étoit
marié comme Romulus & comme Augufte.

Il eft vrai que Marc Antoine avoit reproché à
Augufte *Foeminam confularem e triclinio viri coràm
in cubiculum abductam, rurfus in convivium ruben-
tibus auriculis, incomptiore capillo reductam.* (Suet.)

Tous ces défordres fe commettoient dans
les grands repas; les maris étoient complaifans,
les femmes faciles & les amans favorifés : Juvénal
nous fait une peinture fi énergique des excès
où les femmes fe livroient dans ces occafions,
que nous ne pouvons nous difpenfer de la
tranfcrire :

> Quid enim Venus ebria curat ?
> Inguinis & capitis quae fint difcrimina, nefcit,
> Grandia quae mediis jam noctibus oftrea mordet,
> Quum perfufa mero fpumant unguenta falerno,
> Quum bibitur conchâ, quum jam vertigine tectum
> Ambulat, & geminis exfurgit menfa lucernis.
> I nunc, & dubita quâ forbeat aëra fannâ
> Tullia, quid dicat notae Collacia maurae,
> Maura pudicitiae veterem quum praeterit aram.
> Noctibus hîc ponunt lecticas, micturiunt hîc,
> Effigiemque Deae longis fiphonibus implent ;
> Inque vices equitant, ac, Lunâ tefte, moventur.
> Inde domos abeunt, tu calcas luce reverfa
> Conjugis urinam magnos vifurus amicos.

(Juven. Sat. 6.)

Ovide peint d'une autre manière les fuites de
la bonne chère & de la débauche :

> Cura fugit multo , diluiturque mero . . . . . .
> Illic faepe animos juvenum rapuere puellae ;
> Et Venus in vinis , ignis in igne fuit.
> Saepe illic pofitis , teneris abducta lacertis
> Purpureus Bacchi cornua preffit amor.
>
> *(Ovid. de art. amand.)*

Le même poëte donne à fa maîtreffe des leçons
fur les moyens de favorifer à table un amant
malgré toute la vigilance de fon argus :

> Cum premet ille torum , vultu comes ipfa modefto
> Ibis ut accumbas , clam mihi tange pedem. . . . . .
> Cum tibi fuccurret Veneris lafcivia noftrae
> Purpureas tenero pollice tange genas. . . . . . .
> Saepe mihi , dominaeque meae properata voluptas
> Vefte fub injecta dulce peregit opus.
>
> *(Amor. Eleg.* 3 *, lib.* 1*.)*

N. XXVI.

Caligula épris des charmes de Céfonia, la fait voir toute nue à fes amis.

Camée d'Apollodore de Mefséne.

APRES la mort de Drufille, Céfonia fut celle qui captiva le coeur de Caligula, & en fut aimée fans partage : il étoit fi enivré d'amour pour cette femme, *ut faepe chlamide peltâque & galeâ ornatam , & juxta adequitantem militibus oftenderit : amicis verò etiam nudam.* Il n'avoit pas honte de la baifer en préfence de tous fes amis, & au milieu de fes troupes : cette femme étant accouchée dans fon palais , il fe déclara le même jour le mari de la mère, & le père de l'enfant : c'étoit une fille qu'il appella Drufille, & dont il devint fi fou qu'il la porta dans tous les temples de Rome, & la plaça fur les genoux de Minerve pour l'engager à l'élever & à l'inftruire. Cependant Céfonia n'étoit ni extrêmement belle , ni dans la première jeuneffe , elle avoit même déja eu trois enfans d'un premier mari , auffi foupçonna-t-on que

pour s'attacher le coeur de Caligula elle lui
avoit fait avaler une potion enchantée :

> Ut avunculus ille Neronis,
> Cui totam tremuli frontem Caefonia pulli
> Infudit.   *(Juven. Sat. 6.)*

Perfonne n'ignore combien les payens étoient
perfuadés de la puiffance de la magie, & des
philtres enchantés pour gagner le coeur d'un
jeune homme ou d'une belle : nous avons là-
deffus la huitième églogue de Virgile, intitulée
Pharmaceutria, & plufieurs autres pièces de Ti-
bulle, de Properce & d'Ovide; mais rien n'égale,
à notre avis, la feconde idylle de Théocrite,
dont nous allons choifir quelques morceaux :

Ubi mihi Lauri? affer Theftyli; ubi autem philtra?
Coronato poculum punicea ovis lana,
Ut meum amatorem, qui me male habet, magico carmine attraham...
Nunc magicis cum facris excantabo : fed luna
Luceas belle, tibi enim fummiffa voce canam carmina, o Dea......
Salve Hecate terribilis, & ad finem ufque nobis adfis......
Sparge Theftyli, & dic haec : Delphidis offa fpargo,
Conjuga tu illum trahe virum ad domum meam........
Sicut hanc ceram ego, Deo juvante liquefacio
Sic liquefcat amore Myndius ftatim Delphis.
Et ficut volvitur hic turbo aeneus ex venere
Sic ille volvatur ad noftras fores.........
Ter libo, & ter haec verba, o veneranda, dico.
Sive foemina illi accubat five mas
Tantum ejus oblivifcatur, quantum Thefea dicunt
In Dia oblitum fuiffe pulchrae nimium Ariadnes.

La belle après avoir fait l'histoire de ses amours & des premiers plaisirs qu'elle goûta avec Daphnis : *Perfecta sunt omnia* , dit-elle, *& quo cupiebamus uterque pervenimus.* Elle se plaint ensuite que Daphnis l'abandonne, & le menace non-seulement de se servir contre lui de philtres, mais de l'envoyer chez les morts par des poisons enchantés , dont un Assyrien lui avoit appris le secret :

> Quod si praeterea me
> Offendat , orci fores per Parcas pulsabit ;
> Talia ei in cista mala pharmaca dico servare ,
> Assyrio Domina ab hospite , quae didici.

Malgré tout cela il y a bien plus d'apparence que la véritable cause de l'extrême passion de Caligula pour Césonie fut l'extrême lubricité de cette femme , dont Suétone dit qu'elle étoit *luxuriae ac lasciviae perditae.*

Il est sûr que ce talent est celui qui charme davantage un débauché de profession ; Aristenete, dans une de ses lettres grecques , est de cet avis, & le poëte des amours avoue de bonne foi que les femmes de moyen âge lui plaisoient davantage par cette raison :

> Adde quod est illis operum prudentia major
> Solus & artifices qui facit usus adest.
> Illae munditiis annorum damna rependunt ;
> Et faciunt cura ne videantur anus.

Utque velis venerem , jungunt per mille figuras ,
  Inveniet plures nulla tabella modos.
Illis fentitur non irritata voluptas ,
  Quod juvat ex aequo foemina virque ferunt.....
Me voces audire juvat fua gaudia faffas
  Utque morer meme fuftineatque rogem.
Afpiciam dominae victos amentis ocellos
  Langueat , & tangi fe vetet illa diu.
Haec bona non tribuit primae natura juventae,
  Quae cito poft feptem luftra venire folent......
Ad venerem quicumque voles attingere feram
  Si modo duraris praemia digna feres.

(Ovid. de art. amand. lib. 2.)

N. XXVII.

Caligula au milieu de deux jeunes gens, pendant que ses amis sont à table avec des matrones.

Médaille.

Il y a dans l'anthologie une belle épigramme qui explique aſſez bien le ſujet de cette médaille. La voïci traduite par Auſone :

> Tres uno in lecto : ſtuprum duo perpetiuntur
> Et duo committunt, quatuor eſſe reor.
> Falleris, extremis da ſingula crimina & illum
> Bis numeres medium, qui facit & patitur.

C'eſt préciſément la débauche que fit Caligula au milieu de Lépidus & de Valérius Catullus : la monſtrueuſe lubricité de l'Empereur ajouta une circonſtance affreuſe à cette ſcène, c'eſt qu'on la repréſenta en préſence de pluſieurs autres perſonnes qui ſoupoient tranquillement, & jouiſſoient en même temps d'un tel ſpectacle.

> Huc huc convenite nunc ſpathalo cinaedi,
> Pede tendite ; curſum addite, convolate plantâ
> Femore facili, clune agili, & manu procaces
> Molles, veteres, Deliaci manu reciſi.
> (*Petron.*)

Ce Valérius Catullus étoit un jeune homme d'une naiſſance très-illuſtre, il ſe vanta un jour publiquement d'avoir abuſé de l'Empereur qui lui avoit épuiſé les reins dans le commerce qu'il avoit eu avec lui : Caligula n'eut pas honte de ſe ſoumettre à des bouffons, à des mimes, & entr'autres au pantomime Mneſter, à un certain Appelles acteur de tragédie, à Praſinus, à Cithicus & à bien d'autres ; les Romains avoient tant de foibleſſe pour ces mimes & pour les danſeurs de théatre, que bien ſouvent il fallut que les Princes eux-mêmes ſe ſerviſſent de toute leur autorité pour arrêter de tels excès : le célèbre Roſcius fut les délices de Q. Catulus, & l'antiquité n'a rien de plus voluptueux & de plus délicat que l'épigramme ancienne de ce poëte :

Conſtiteram exorientem auroram forte ſalutans
   Cum ſubito a laeva Roſcius exoritur.
Pace mihi liceat Caeleſtes dicere veſtra
   Mortalis viſus pulchrior eſſe Deo.

Le fameux Bathylle, Pâris & Pilade étoient l'idole des Grands & des Dames romaines, & il n'y avoit que les gladiateurs qui oſaſſent leur diſputer le coeur & les faveurs de ces Matrones.

Cheironomon Ledam molli ſaltante Bathyllo,
Tuccia veſicae non imperat ; appula gannit
Sicut in amplexu : ſubitum & miſerabile longum
Attendit Thymele ; Thymele tunc ruſtica diſcit.

Aſt aliae , quoties aulaea recondita ceſſant ,
Et vacuo clauſoque ſonant fora ſola theatro ,
Atque a plebeis longè Megaleſia , triſtes
Perſonam thyrſumque tenent & ſubligar acci.
Urbicus exodio riſum movet Attellanae
Geſtibus Autonoës ; hunc diligit Aelia pauper.
Solvitur his magno comoedi fibula. Sunt quae
Chryſogonum cantare vetent ; Hiſpulla tragoedo
Gaudet. . . . .
Accipis uxorem , de qua citharoedus Eſchion
Aut Glaphyrus fiat pater , Ambroſiuſque Choraules.
Longa per anguſtos figamus pulpita vicos ,
Ornentur poſtes & grandi janua lauro ,
Ut teſtitudineo tibi , Lentule , conopeo
Nobilis Euryalum mirmillonem exprimat infans. . . . .
Nupta ſenatori comitata eſt Hippia ludum
Ad Pharon & Nilum. . . . .
Immemor illa domûs , & conjugis atque ſororis ,
Nil patriae indulſit , plorantesſque improba gnatos
Utque magis ſtupeas , ludos , Paridemque reliquit. . . .'
Quae moechum ſequitur , ſtomacho valet. Illa maritum
Convomit. . . . .
Quà tamen exarſit formâ , quâ capta juventâ
Hippia ? quid vidit , propter quod ludia diei
Suſtinuit ? . . . .
Sed gladiator erat ; facit hoc illos Hiacinthos ,
Hoc pueris patriaeque , hoc praetulit illa ſorori
Atque viro. Ferrum eſt quod amant. . . . .

(Juven. Sat. 6.)

N. XXVIII.

Caligula prié par Cassius Cherea de lui donner le mot de guerre, lui tend la main en une forme obscène, & donne le mot Priape, ce qui fut cause de sa mort.

Camée d'Apollodore de Messène.

LES débauches, les folies & les crimes de Caligula étoient parvenus à un tel excès, que les Romains se lassèrent de souffrir un tel monstre : ils l'avoient toléré jusqu'alors en mémoire de son père Germanicus, les délices & l'idole du peuple romain & de tout l'empire, mais à la fin ils secouèrent le joug. Comment en effet vivre sous un tyran qui se plaisoit à répandre le sang des plus illustres sénateurs, & qui se plaignoit de n'être pas assez puissant pour inventer de nouveaux supplices pour la destruction de tout le genre humain? qui abusoit des femmes du plus haut rang sans pudeur, & les couvroit après d'ignominie? qui avoit une espèce de serrail où l'on entraînoit de gré ou de force les enfans les mieux faits, & les jeunes filles les plus belles & de la plus grande naissance, pour servir aux plaisirs effrénés du tyran ? qui proftituoit les plus éminentes dignités aux plus méprifables des hommes, à des mimes, à des bouffons, & même à fon cheval favori, qu'il faifoit fervir en vaiffelle d'or, & qu'il vouloit déclarer fon collègue au confulat ? un impie enfin, qui n'étant pas même digne du nom d'homme, affectoit cependant de paffer pour un Dieu ? On n'a qu'à lire Philon juif, dans fa légation, pour voir tout ce que les Juifs eurent à fouffrir de cette extravagance de l'Empereur, qui vouloit placer fa ftatue dans le temple de Jérufalem : il fe vantoit publiquement de coucher avec la Lune, & qu'étant Jupiter il devoit, à fon exemple, jouir de toutes les femmes & abufer de fes foeurs : il s'habilloit quelquefois en Junon, en Diane, en Vénus, & il prenoit alors tous les emblêmes & les ornemens qui étoient propres à ces divinités : très-fouvent il étoit Hercule, ou Pluton avec fon trident, ou Pallas ou Bacchus, & il fe livroit à toutes les fureurs & les excès des Bacchantes : il avoit fait mettre fa ftatue d'or au Capitole, il avoit des prêtres & des autels où chaque jour on lui offroit des facrifices : il feignoit de parler en fecret à Jupiter, & quelquefois il le menaçoit de le renvoyer en Grèce : il lançoit auffi la foudre, & quand elle tomboit du ciel, il jettoit par vengeance une pierre en l'air, & s'écrioit, *Aut tu me interficias aut ego te.*

(111)

Enfin le moment fatal arriva , & Caſſius Cherea
délivra Rome de cet opprobre. Cherea étoit un officier
diſtingué , d'une probité reconnue , & févère dans
ſes moeurs : Caligula ſe plaiſoit à l'avilir, il ne perdoit
aucune occaſion de le faire paſſer pour un homme
lâche & efféminé ; & quand , par le devoir de ſa
charge , il venoit lui demander le mot , il lui donnoit
tantôt celui de *Priape* , tantôt celui de *Vénus* ; &
s'il venoit ſous quelque prétexte le remercier , il employoit un geſte obſcène en lui préſentant ſa main à
baiſer. Cherea , indigné de ces humiliations , projetta
de s'en venger : il aſſocia à ſes deſſeins Cornélius
Sabinus , & pendant que l'Empereur paſſoit par un
corridor pour aller voir habiller ſes mimes , Cherea
lui donna un grand coup qui fut ſuivi de trente autres
bleſſures : tous ceux qui étoient préſens voulurent ſe
donner le plaiſir de tremper leurs mains dans le ſang
du tyran , & il y en eut même quelques-uns qui dé-
chirèrent avec les dents ſon cadavre encore fumant.

Après la mort de Caligula un centurion tua Céſonia
ſa femme d'un coup d'épée , & écraſa ſa fille Druſille
contre les murs du palais : telle fut la fin de ce monſtre
& de ſa famille ; peut-être Céſonia méritoit-elle auſſi
la mort , mais qu'avoit fait cet enfant ? pourquoi le
punir des crimes de ſes parens ? Cette barbarie a été
preſqu'univerſelle , & déja du temps de Tibère après

la condamnation de Séjan, on fit mourir tous ſes enfans, juſqu'à une petite fille qui auroit dû être un objet de compaſſion & de tendreſſe. *Placitum poſthac ut in reliquos Sejani liberos adverteretur , vaneſcente quamquam plebis ira, ac pleriſque per priora ſupplicia lenitis. Igitur portantur in carcerem filius imminen- tium intelligens , puella adeo neſcia , ut crebro inter- rogaret , quod ob delictum & quo traheretur ? neque facturam ultra , & poſſe ſe puerili verbere moneri .... & quia triumvirali ſupplicio affici virginem inauditum habebatur , aiunt a carnifice , laqueum juxta , com- preſſam : exin obliſis faucibus , id aetatis corpora in gemonias abjecta.* (Tacit. lib. 5.)

Quelle injuſtice & quelle inhumanité ! Les Grecs après le ſiége de Troye firent de même à l'égard d'Aſtyanax fils d'Hector, & l'unique rejetton de la famille de Priam, ils l'arrachèrent des bras de ſa mère, & le précipitèrent du haut d'une tour.

> . . . . quos enim praeceps locus
> Reliquit artus ? oſſa disjecta & gravi
> Eliſa caſu : ſigna clari corporis
> Et ora , & illas nobilis patris notas
> Confudit imam pondus ad terram datum.
> Soluta cervix , ſilicis incuſſa caput
> Ruptum cerebro penitus expreſſo , jacet
> Deforme corpus.
>   (Senec. Troad. Traged.)

N. XXIX.

Meſſaline femme de l'Empereur Claude , épouſe publiquement C. Silius.

Médaille.

SI tous les auteurs contemporains & de la plus grande autorité n'atteſtoient pas la vérité du trait d'hiſtoire auquel fait alluſion cette belle médaille , on auroit aſſurément de la peine à ſe perſuader qu'une femme & une Impératrice fût capable d'un attentat ſi inoui. On connoît aſſez Meſſaline & ſon caractère : ſon nom ſeul ſuffit pour nous retracer l'idée de la débauche & de la lubricité la plus effrénée , mais rien ne fait connoître davantage l'emportement de ſes paſſions & l'imbécilité de l'Empereur Claude ſon époux que ſon mariage avec C. Silius , jeune homme de la plus haute naiſſance & de la plus belle figure : elle en étoit devenue ſi éperdument amoureuſe qu'elle l'obligea à répudier Silia Silana afin de jouir toute ſeule de ce jeune adultère. Dégoûtée de la multitude de ſes amans , & s'étudiant à trouver des ſenſualités inconnues , elle réſolut de l'épouſer , trouvant un rafinement de plaiſir dans le comble de l'infamie, ainſi qu'il eſt ordinaire à ceux qui ont renoncé à toute pudeur. Elle eut la témérité de célébrer ce mariage dans une ville comme Rome qui divulgue tout ce qu'elle ſait, dans un moment où l'Empereur ſon mari n'en étoit éloigné que de quelques lieues ; elle oſa y appeller à point nommé des témoins pour ſigner le contrat, elle oſa répondre aux paroles des auſpices, ſacrifier aux Dieux, ſe mettre à table parmi les conviés, baiſer ſon amant & l'embraſſer devant toute la compagnie, & enfin elle oſa paſſer la nuit avec lui dans toutes les privautés conjugales : plus diſſolue que jamais après une telle hardieſſe, profitant de l'automne, elle célébra dans ſa maiſon la fête des vendanges toute échevelée, le thyrſe à la main, pendant que Silius à ſes côtés, couronné de lierre & le cothurne au pied, jettoit la tête çà & là, comme s'il eût été ivre, & que les menades chantoient & danſoient autour de lui avec les poſtures les plus laſcives.

Optimus hic, & formoſiſſimus idem
Gentis patriciae rapitur miſer extinguendus
Meſſalinae oculis : dudum ſedet illa parato
Flammeolo, Tyriuſque palam genialis in hortis
Sternitur, & ritu decies centena dabuntur
Antiquo ; veniet cum ſignatoribus auſpex.
Haec tu ſecreta & paucis commiſſa putabas ?
Non niſi legitimè vult nubere.　　(*Juven. Sat.* 10.)

Oh qu'Ovide avoit raifon de s'écrier que l'amour chez les femmes va plus loin que chez les hommes !

Parcior in nobis , nec tam furiofa libido eft
 Legitimum finem flamma virilis habet.
Byblida quid referam , vetito quae fratris amore
 Arfit , & eft laqueo fortiter ulta nefas ?
Myrrha patrem, fed non qua filia debet , amavit,
 Et nunc obducto cortice preffa latet. . . . .
Creffa Thyefthaeo fi fe abftinuiffet amore
 (O quantum eft uni poffe placere viro!)
Non medium rupiffet iter curruque retorto
 Auroram verfis Phoebus adiffet equis :
Filia purpureos Nifo furata capillos
 Puppe cadens celfa , facta refertur avis.
Altera fylla maris monftrum , medicamine Circes
 Pube premit rapidos inguinibufque canes.
Omnia foeminea funt ifta libidine nota
 Acrior eft noftra plufque furoris habet.
      (*Ovid. de art. am. lib.* 1.)

Properce avoit dit avant lui :

Vos ubi contempti rupiftis frena pudoris
 Nefcitis captae mentis habere modum.
Flamma per incenfas citius fedetur ariftas ,
 Fluminaque ad fontis fint reditura caput. . . . . . .
Quam poffit veftros quifquam reprehendere curfus ,
 Et rapidae ftimulos frangere nequitiae.

L'amour eft la grande affaire des femmes, c'eft par-là qu'elles brillent, & celles même qui s'en foucient le moins, ne laiffent pas d'être fenfibles au plaifir d'infpirer des defirs ; il y a long-temps qu'Ovide a dit d'elles :

Quae dant, quaeque negant, gaudent tamen effe rogatae.

N. XXX.

Meſſaline ſe déguiſe, & va dans un mauvais lieu ſous le nom de la courtiſanne Liciſca.

VOICI encore une autre ſcène d'abomination qui regarde Meſſaline ; Juvénal nous la peint avec des couleurs ſi vives, qu'il eſt impoſſible d'y rien ajouter :

Reſpice rivales Divorum: Claudius, audi,
Quæ tulerit. Dormire virum quum ſenferat uxor,
Auſa Palatino tegetem praeferre cubili,
Sumere noᴄturnos meretrix Auguſta cucullos,
Linquebat, comite ancillâ non amplius unâ :
Sed, nigrum flavo crinem abſcondente galero,
Intravit calidum veteri centone lupanar,
Et cellam vacuam atque ſuam : tunc nuda papillis
Proſtitit auratis, titulum mentita Lyciſcae,
Oſtenditque tuum, generoſe Britannice, ventrem.
Excepit blanda intrantes, atque aera popoſcit.
Mox, lenone ſuas jam dimittente puellas,
Triſtis abit : ſed quod potuit, tamen ultima cellam
Clauſit, adhuc ardens rigidae tentigine vulvae,
Et reſupina jacens multorum abſorbuit iᴄtus,
Et laſſata viris necdum ſatiata receſſit ;
Obſcuriſque genis turpis, fumoque lucernae
Foeda lupanaris tulit ad pulvinar odorem.

N. 30.

Cela paroît incroyable, cependant c'eſt la pure vérité ; tous les auteurs contemporains ſont d'accord là-deſſus, & même ceux qu'on n'a pas lieu de ſoupçonner d'avoir voulu écrire des ſatyres ; le témoignage de Pline eſt remarquable : *Meſſalina hoc regalem exiſtimans palmam elegit in idem certamen viliſſimam e proſtitutis ancillam, eamque die ac nocte ſuperavit quinto & viceſimo concubitu.*

La corruption étoit ſi grande alors, que les épouſes des ſénateurs & les femmes de la plus haute naiſſance alloient déclarer qu'elles vouloient ſe proſtituer publiquement, pour être libres ou pour ſe venger de leurs maris. Il fallut que la loi défendît une telle abomination, & ce fut Tibère qui l'abolit à l'occaſion de Viſtilia, dame de famille prétorienne, & épouſe de Titidius Labéon : *Eodem anno gravibus ſenatus decretis libido foeminarum coercita, cautumque ne quaeſtum corpore faceret, cui avus, aut pater, aut maritus eques romanus fuiſſet. Nam Viſtilia praetoria familia genita, licentiam ſtupri apud Aediles vulgaverat, more inter veteres recepto, qui ſatis poenarum adverſus impudicas in ipſa profeſſione flagitii credebant.* (Tacit. lib. 2.)

Suétone raconte, dans la vie de Tibère, que les matrones qui vouloient éviter la peine de la loi & s'émanciper tout-à-fait de la puiffance de leurs parens ou de leurs amis embraffoient une profeffion encore plus infame que celle de Viftilia : *Foeminae famofae , ut ad evitandas legum poenas jure ac dignitate matronali exfolverentur , lenocinium profiteri coeperant.*

Du temps du Jurifconfulte Papinien l'on fit la loi fuivante : *Mulier quae evitandae poenae adulterii gratia lenocinium fecit , aut operas fuas fcenae locavit , adulterii accufari , damnarique fenatus-confulto poteft.*

Quelle ne devoit pas être la dépravation de la populace autorifée par l'exemple des Grands !

Tanto confpectius in fe ,
Crimen habet , quanto major , qui peccat habetur.

(*Juven. Sat.* 8.)

Rome étoit devenue le féjour des arts , du goût, des plaifirs , de la magnificence , du luxe , des fpectacles , mais elle étoit auffi devenue le féjour des plus grands crimes ; tout l'univers contribuoit à fa grandeur , à fes folles dépenfes & à fes voluptés : cette corruption générale fut la fource de tant d'excès qui entraînèrent enfin la ruine du plus grand empire qui fut jamais.

Saevior armis
Luxuria incubuit , victumque ulcifcitur orbem.

(*Idem , Sat.* 6.)

N. XXXI.

Messaline consacre à Priape qua-
torze couronnes de myrthe,
pour marque d'autant de vic-
toires qu'elle a remporté.

Camée de Pythodore de Tralles.

CE que nous avons dit fur Meffaline pourroit
fuffire pour la caractérifer, mais ce camée très-
rare que nous donnons ici repréfente une
anecdote qui donnera le dernier coup de
pinceau à fon portrait : cette femme, dans fes
débauches, n'aimoit pas feulement le plaifir &
la fatisfaction de fes fens, elle attachoit encore
à fon infatiable impudicité une efpèce de
gloire, & fe faifoit un triomphe de fatiguer
fes athlètes & de fortir victorieufe du champ
de bataille ; c'eft dans Pline fur-tout qu'il faut
lire le détail circonftancié de cette aventure :
Quatorze jeunes gens des mieux faits & des
plus robuftes furent invités par Meffaline, ils
s'épuisèrent dans fes bras, ils firent des efforts
incroyables, & ne purent fe vanter de la
victoire; elle réfifta, & fut déclarée INVICTA,

furnom dont elle fe glorifioit bien plus que du titre d'époufe d'un Empereur. Il falloit bien remercier les Dieux d'un triomphe fi éclatant, elle étoit trop religieufe & trop reconnoiffante pour oublier un fi faint devoir, auffi offrit-elle à Priape, fon Dieu tutélaire, les quatorze couronnes de myrthe que fes adverfaires lui avoient décerné. C'étoit l'ufage à Rome de confacrer aux Dieux les monumens qui rappelloient des événemens fortunés : ces couronnes de Meffaline furent expofées à la vue de tout le monde, & elle fe glorifioit de ce monument de fes débauches ; mais fi les débordemens de cette Impératrice furent portés à cet excès, qui ont rendu fon nom un titre d'opprobre, il faut avouer que la corruption de fon fiècle pouvoit en quelque manière lui fervir d'excufe : les femmes de ce temps avoient en général renoncé à toute pudeur, elles étoient plus effrontées que les courtifannes de profeffion ; écoutons le témoignage de Martial :

> Incuftoditis, & apertis, Lesbia femper
>   Liminibus peccas, nec tua furta tegis.
> Et plus fpectator quam te declarat adulter
>   Nec funt grata tibi gaudia, fi qua latent.
> At meretrix abigit teftem, veloque feraque,
>   Raraque, fi memini, fornice rima patet.

A Chione faltem , vel ab Helide difce pudorem
Abfcondunt fpurcas haec monumenta lupas :
Numquid dura tibi nimium cenfura videtur ?
Deprendi vero te , Lesbia , non futui.

(Mart. Epig. 35. lib. 1.)

Et Sénèque affure que les femmes ne le cédoient pas non plus aux hommes dans les débauches de la table : *Non minus pervigilant* , dit-il , *non minus potant* , & *oleo* , & *mero viros provocant : aeque invitis ingeſtae viſceribus per os reddunt* , & *vinum omne vomitu remetiuntur.* Il y avoit fur-tout du temps de Martial une certaine Philénis qui s'étoit rendue célèbre par fa gourmandife , fon intempérance & fon goût pour les voluptés Lesbiennes.

Praedicat pueros tribas Philaenis
Et tentigine faevior mariti
Undenas vorat in die puellas. . . . . . .
Nec coenat prius , aut recumbit ante
Quam feptem vomit meros deunces
Ad quos fas fibi hinc putat reverti. . . . . .
Poſt haec omnia cum libidinatur
Non fellat (putat hoc parum virile)
Sed plane medias vorat Puellas.

(Mart. Epig. 66 , lib. 7.)

Mais que dirons-nous de la paffion qu'avoient les femmes de combattre comme les gladiateurs dans l'amphithéatre , de s'expofer aux yeux d'une multitude innombrable , & de rifquer

leur vie contre les bêtes farouches ? Suétone
en parle dans la vie de Domitien , §. 4 ; &
Xiphilin , dans celle de Titus , raconte que
*Quatuor elephanti , & pecorum , ferarumque millia
novem interfecta sunt , quae mulieres ignobiles inter-
fecerunt.* Martial , qui flattoit Domitien en toute
occasion , lui en fait compliment dans ces vers :

Belliger invictis quod Mars tibi saevit in armis
　　Non satis est , Caesar , saevit & ipsa Venus.
Prostratum Nemees , & vasta in valle Leonem
　　Nobile , & Herculeum fama canebat opus :
Prisca fides taceat , nam post tua munera , Caesar ,
　　Haec jam foeminea vidimus acta manu.

Mais Juvénal , ce sévère censeur , qui aimoit
les moeurs & la vérité , n'étoit pas si content
de cette hardiesse des femmes , il la met au
nombre des abus & des excès qui échauffoient
sa bile & déshonoroient son siècle :

Cum tener uxorem ducat spado : Maevia Tuscum
Figat aprum , & nuda teneat venabula mamma. . . . .
. . . . , . . Quis iniquae.
Tam patiens urbis , tam ferreus , ut teneat se ?
　　　　　　　　　　　　　　(*Juven. Sat.* I.)

N. XXXII.

Néron abuse de la vestale Rubiria.

Camée d'Epitincanus, athénien.

APRÈS la mort de Messaline, toutes les Dames faisoient des brigues pour engager l'Empereur Claudius à un second mariage : *Nec minore ambitu foeminae exarserant, suam quaeque nobilitatem, formam, opes contendere, ac digna tanto matrimonio ostentare.* (Tacit.) Les affranchis étoient partagés : Calliste étoit pour Lollia Paulina, Narcisse pour Elia Petina, & Pallas favorisoit Agrippine fille de Germanicus, veuve de Domitius Enobarbus & nièce de l'Empereur; son esprit, sa figure, ses familiarités & les caresses dont elle accabloit Claudius eurent le succès qu'elle en attendoit, elle l'emporta sur ses rivales, & fut choisie après que le sénat eut rendu un décret qui autorisoit ce mariage incestueux : dès qu'elle fut Impératrice elle régna despotiquement sur le coeur de son époux & sur l'empire entier, elle s'empara tellement de l'esprit de Claudius qu'elle réussit à lui faire adopter son fils Néron, qu'elle avoit eu de Domitius, au préjudice de Britannicus fils de l'Empereur & de Messaline, jeune Prince de la plus grande espérance ; & l'Empereur qui se repentit quelque temps après de son injustice, ayant voulu la réparer il fut prévenu par Agrippine, qui l'empoisonna dans des champignons , forte de mets dont Claudius étoit trés-friand.

> Vilibus ancipites fungi ponentur amicis ,
> Boletus domino ; fed qualem Claudius edit
> Ante illum uxoris , poft quem nil amplius edit.
>
> *(Juven. Sat. 5.)*

Enfin Agrippine vit fon fils maître de l'empire : ce monftre ne cacha pas long-temps l'atrocité de fon ame & la dépravation de fon coeur ; il fe défit par le poifon de fon frère Britannicus , & répudia Octavie foeur de ce Prince , jeune femme d'une beauté parfaite & d'une vertu fans tache : il l'avoit auparavant chaffée de fon lit à caufe de fa ftérilité , & il eut l'audace de l'accufer d'adultère & de la faire enfin mourir. Il fe livra enfuite à toutes les horreurs de la débauche ; & une des premières fcènes publiques qu'il donna à Rome , ce fut d'abufer de la veftale Rubiria : Rome fut alarmée de ce coup d'effai , & jugea dès-lors quelles en devoient être les fuites. Perfonne n'ignore le refpect dont les Romains étoient pénétrés pour les Veftales ; elles étoient au nombre de fix : au commencement de la République c'étoient des filles de la plus haute naiffance , leurs privilèges étoient confidérables ; & pour les dédommager du facrifice qu'elles faifoient en renonçant aux douceurs du mariage , il n'y avoit forte d'honneurs qu'on ne leur accordât. Il eft vrai que fi elles venoient à fe déshonorer par un commerce criminel avec un homme leur supplice en étoit d'autant plus effrayant. On en peut lire la description sublime & terrible dans Tite-Live ; c'est un morceau très-pathétique, & digne de la majesté du sujet : mais à mesure que les moeurs dégénérèrent, les Vestales se relâchèrent un peu de leur ancienne sévérité, & même on ne trouvoit guères de filles dans la haute noblesse qui voulussent s'engager dans un genre de vie qui les obligeoit, au moins pour plusieurs années, à une continence très-rare dans une ville si corrompue, & l'on fut obligé de recevoir dans un corps si respectable des personnes d'une naissance obscure ; mais Auguste, voulant du moins diminuer un si grand abus, publia une loi qui défendoit à une fille d'affranchi d'oser entrer chez les Vestales.

Il y eut plus d'un exemple de la fragilité de ces Prêtresses, & on ne cessa de renouveller de temps en temps les exemples de l'ancienne rigueur ; mais quand tout eut cédé à la force & aux desirs effrénés des Empereurs, les Vestales dont ils abusoient n'étoient point punies quoiqu'elles vécussent dans la honte & dans l'opprobre ; cependant Suétone rapporte dans la vie de Domitien que ce Prince punit du dernier supplice les incestes des Vestales, que son père Vespasien & Titus son frère avoient négligé, & rétablit l'ancienne coutume d'enterrer toutes vivantes celles qui oseroient

fouiller la fainteté de leur caractère : en effet, les deux
foeurs Ocella & Varovilla, qui s'étoient rendues coupables de ce crime avant la loi, eurent la permiffion de
fe tuer elles-mêmes ; mais Cornélia qui, après l'édit de
Domitien, viola fes voeux, fut punie avec éclat fuivant
l'ancien ufage. *Corneliam virginem maximam, abfo-
lutam olim dehinc longo intervallo repetitam atque
convictam defodi imperavit.*

Heliogabale fut celui de tous les Empereurs qui abufa
des Veftales avec le moins de retenue ; il avoit commerce avec elles publiquement, & voulut même s'emparer du Palladium, éteindre le feu facré, & proftituer
les Prêtreffes à fes Bouffons : Lampridius ajoute que
cette impiété fut la caufe principale de fa mort ; car
les Romains, qui avoient bien ceffé d'être vertueux,
n'étoient pas moins fuperftitieux que leurs ancêtres.
Juvénal, qui a peint les vices & la proftitution des
Dames romaines avec des couleurs fi fortes, n'eft pas
moins éloquent quand il parle de leurs fuperftitions avec
les Prêtres d'Ifis, ceux de la Déeffe Syrienne, avec les
devins, les aftrologues & toutes fortes d'impofteurs ;
l'on peut voir, dans la Satyre deuxieme & la quinzieme,
la defcription qu'il fait de ces abominations & de ces
crimes infames :

Tantum religio potuit fuadere malorum.

(Lucret. lib. I.)

N. XXXIII.

Néron en chaise avec sa mère Agrippine.

Médaille.

NERON avoit à peine commencé à goûter les délices de l'empire & les appas d'une puissance sans bornes, qu'il s'abandonna à toutes sortes de lubricités ; ses deux gouverneurs Sénèque & Burrhus, connoissant la fougue de son tempérament & la perversité de son ame, quoiqu'il fît encore de foibles efforts pour les dissimuler, fermoient les yeux sur ses débauches espérant que l'âge le corrigeroit. Ils avoient aussi un autre motif, c'est qu'ils se flattoient que pendant que le jeune Empereur passeroit son temps au milieu des plaisirs, il leur abandonneroit les rênes de l'empire ; c'étoit-là surtout le projet d'Agrippine mère de Néron : elle vouloit commander, & ne pouvant réussir à être la maîtresse absolue qu'autant qu'elle useroit d'indulgence avec son fils, il n'y eut aucune sorte de complaisance qu'elle épargnât pour le satisfaire. Elle étoit encore jeune & belle, & elle possédoit le secret d'inspirer l'amour & le plaisir : déja, par ses artifices, elle avoit gagné Pallas, cet affranchi tout puiſſant ſous Claudius, & s'étant livrée à lui, elle en fut puiſſamment aidée contre ſes concurrentes lorſque cet Empereur voulut ſe remarier; Claudius ne put réſiſter aux careſſes de cette nièce charmante, & enfin Néron lui-même fut ſenſible aux charmes de ſa mère : il alloit ſouvent en litière avec elle, ſeul avec une belle femme, dans l'ivreſſe de l'âge & la fougue des paſſions, il oublioit qu'elle étoit ſa mère ; & cette femme, uniquement occupée du deſir de régner, favoriſoit les goûts criminels de ſon fils : *Olim etiam quoties lecticâ cum matre veheretur libidinatum inceſtè, ac maculis veſtis proditum affirmant.* (Sueton.)

Ceux qui connoiſſent les moeurs d'Agrippine, la brutalité de Néron & la dépravation qui régnoit alors à Rome n'auront aucune difficulté à ſe perſuader de la vérité d'une hiſtoire ſi déshonorante. Les anciens n'ont parlé qu'avec horreur de l'impudique Sémiramis, qui oſa ſéduire ſon fils Ninias ; toutes ſes grandes qualités, ſes conquêtes, ſes exploits militaires & ſa gloire furent ternies par cette proſtitution abominable, & la mort qu'elle reçut de Ninias fut regardée comme un châtiment très-juſte & bien mérité. Il ne ſera pas inutile de faire ici une réflexion :

Ninias tua fa mère , parce qu'elle ofa lui faire des avances criminelles ; aucun auteur ancien ne rapporte qu'on ait défapprouvé l'action de ce Prince , & il s'en trouve même qui l'ont louée : Orefte tua de même fa mère Clytemneftre qui avoit été débauchée par Egifthe , & avoit donné la mort à Agamemnon fon mari, père d'Orefte ; & ce Prince malheureux fut chaffé de fon trône & de fa patrie, les Euménides s'emparèrent de lui , le perfécutèrent long-temps , & il ne fut abfous & purifié qu'après les plus rudes épreuves , & après avoir fouffert pendant bien des années l'exil, les remords les plus cuifans, la pauvreté, la honte , & avoir traîné fa vie dans le mépris & la misère la plus humiliante : toutes les tragédies grecques retentiffoient des fureurs d'Orefte , & des cruelles agitations que les Furies lui faifoient fentir en le déchirant fans pitié. Quelle raifon peut autorifer cette diverfité de jugement fur l'action de ces deux Princes ? Eft-ce un plus grand crime de fe proftituer à fon fils que de tuer fon époux ? C'eft au moins ainfi qu'on le penfoit alors : le crime de Sémiramis n'avoit point d'excufe, la feule dépravation de fes moeurs put le lui faire commettre ; au lieu que Clitemneftre avoit bien des griefs contre Agamemnon : elle ne put jamais lui pardonner le meurtre de fa fille Iphigénie , & fes amours avec Caffandre ; la vue fur-tout de cette rivale , bien plus que la crainte de perdre Egifthe & d'être punie de fes fautes , alluma les fureurs de cette Reine & l'entraîna dans le crime : une femme jaloufe n'a plus ni frein ni raifon , elle eft capable de tout , le triomphe d'une rivale lui eft infup-portable , & autorife à fes yeux les plus grands excès: l'hiftoire ancienne & moderne en fournit mille exemples , Médée n'eft pas la feule à qui le défefpoir & la jaloufie aient infpiré les plus grands crimes.

> Sed neque fulvus aper media tam faevus in ira ,
>   Fulmineo rapidos dum rotat ore canes.
> Nec lea cum catulis lactentibus ubera praebet
>   Nec brevis ignaro viperà laefa pede.
> Foemina quam focii depreufa pellice lecti
>   Ardet , & in vultu pignora mentis habet.
> In ferrum flammafque ruit; pofitoque decore
>   Fertur ut Aonii cornibus icta Dei.
>
> *(Ovid. de art. am. lib. 2.)*

Sénèque , dans la tragédie de Médée , caractérife les tranfports jaloux d'une femme par ces beaux vers :

> Nulla vis flammae , tumidique venti
> Tanta , nec tali metuenda torti ,
> Quanta cum conjux viduata taedis
>   Ardet & odit.

N. XXXIV.

Néron épouse publiquement le jeune Sporus.

Médaille.

TIBERE, Caligula, Néron, Domitien, Commodus & Héliogabale font des exemples à jamais mémorables des horribles excès où l'extrême libertinage, joint à la souveraine puissance & au despotisme, peuvent entraîner les Princes. Tous les anciens monumens que nous avons présenté ci-devant & les explications que nous en avons donné en font une preuve, & malheureusement la médaille que nous offrons ici & celles qui suivront ne confirment que trop une vérité si humiliante. Néron s'étoit livré aux plus horribles débauches, il couroit toute la nuit les lieux les plus infames avec ses bouffons & une troupe de femmes déshonorées : il faisoit arracher par ses satellites les enfans les mieux faits à leurs parens, & les enfermoit dans son serrail pour en abuser ; les Dames de la plus haute naissance étoient obligées de servir à ses plaisirs & à ceux de Tigellinus son favori, & de ses affranchis ; enfin il résolut

de fe marier d'une façon fingulière & inouie:
il aimoit à la fureur un jeune homme nommé
Sporus ; & ayant perdu, par fa brutalité, une
femme dont il étoit paffionné, pour fe confoler
en quelque manière , *Puerum Sporum , quod
Sabinae fimillimus erat , exfeElis teflibus etiam in
muliebrem naturum transfigurare conatus eft , &
cum dote & flammeo per folemne nuptiarum cele-
berrimo officio deduElum ad fe pro uxore habuit.*
(Sueton. & Dion.)

Ces noces abominables furent célébrées dans
toute la Grèce par des fêtes & des réjouiffances
infinies : on promenoit la nouvelle mariée fur
un char magnifique ; elle étoit habillée avec
tous les ornemens d'une Impératrice , & Néron
ne ceffoit de la careffer & de lui prodiguer
mille baifers lafcifs en préfence de tout le
peuple. Parmi les acclamations dont on ac-
compagnoit cette fête bacchique , un bel
efprit dit affez plaifamment : *Bene agi potuiffe
cum rebus humanis , fi Domitius pater talem
habuiffet uxorem.*

Le croira-t-on ? Néron offrit des facrifices
aux Dieux pour en obtenir des enfans légitimes,
& ayant fait faire à Sporus une opération pour
le rendre tout-à-fait femblable à une femme ,
il fe perfuadoit que fes efforts pourroient forcer

la nature : *Hae nuptiae ab omnibus graecis celebratae sunt , & in primis optabant ut ab iis legitimi liberi procrearentur.* (Dion.)

Une obscénité si extravagante trouva pourtant un imitateur ; ce fut Héliogabale, le plus fou & le plus impudique des hommes : ce Prince infame, qui se soumettoit à Zoticus comme une femme à son mari, voulut aussi épouser Hiérocles un de ses mignons , imitant Néron à ces deux égards comme nous le verrons ensuite ; sa brutale passion pour ce jeune homme étoit si excessive , que Lampridius a presque honte de s'expliquer : *Hieroclem verò sic amavit , ut eidem inguina oscularetur , floralia sacra se asserens celebrare.*

Les Dames romaines, dont les goûts étoient si dépravés dans ces temps-là , avoient aussi beaucoup de foiblesse pour les Eunuques ; mais il faut avouer qu'elles étoient excusables quand on les compare à Néron.

Sunt quas Eunuchi imbelles , ac mollia semper
Oscula delectent , & desperatio barbae ,
Et quod abortivo non est opus. Illa voluptas
Summa tamen, quod jam calidâ & matura juventâ
Inguina traduntur medicis , jam pectine nigro.
Ergo exspectatos , ac jussos crescere primùm
Testiculos , postquam coeperunt esse bilibres ,
Tonsoris damno tantùm rapit Heliodorus.

Confpicuus longè , cunctifque notabilis intrat
Balnea , nec dubie cuftodem vitis & horti
Provocat, à domina factus fpado. Dormiat ille
Cum dominâ : fed tu jam durum , Poftume , jamque
Tondendum Eunucho Bromium committere nolli.

(Juven. Sat. 6.)

Martial , en s'égayant fur Gellia , écrit à Pannicus :

Cur tantum Eunuchos habeat tua Gellia quaeris
Pannice? Vult futui Gellia , non parere.

Ces Eunuques, malgré leur impuiffance, étoient très-paffionnés pour les femmes ; auffi, dans Térence, Pythias dit à fa maîtreffe :

At pol ego amatores mulierum effe audieram maxumos ,
Sed nihil poteffe.

(Terent. in Eunuch.)

N. XXXV.

Néron habillé en fille, & Diophorus.

Camée de Craterus, grec de nation.

PARMI les favoris de Néron, celui qui jouiſſoit de toute ſa confiance c'étoit l'infame Tigellin : il abuſoit de la faveur de ſon maître à un point que tout ce qu'il y avoit de grand à Rome ou rampoit ſous lui ou en étoit écraſé : il n'étoit pas moins vicieux que ſon Prince, & ſes débauches, ſon luxe & ſa cruauté furent les qualités qui le rendirent maître du coeur de Néron & de l'empire. Pétrone, Othon & lui avoient la ſurintendance des plaiſirs & des parties nocturnes ; c'étoit à qui auroit le talent d'inventer quelque choſe de nouveau & de plus obſcène, & je doute que les deux rivaux aient pu l'emporter ſur cet affranchi, au moins ſi nous en jugeons par l'explication que nous allons donner d'un Camée de Cratérus d'après Tacite, Suétone & Dion Caſſius.

Tigellin fit préparer un grand repas au milieu de l'amphithéatre ; le luxe, la richeſſe & l'abondance y préſidoient avec lui : le Prince avec ſon favori étoient ſur des lits de pourpre, les

Grands & les Dames autour d'eux, & le peuple répandu dans de petites loges qu'on avoit préparées : la quantité des femmes & des hommes de mauvaise vie étoit immense, & tout le monde se livroit aux plus grands excès en présence des conviés ; toutes les belles femmes & les jeunes filles avoient été obligées de s'y rendre, il étoit permis à chacun de choisir celle qui lui plaisoit davantage, sans qu'elle eût le droit de refuser, de quelque rang qu'elle fût : *Tum enim servus cum domina, praesente domino suo, & gladiator cum virgine nobili, inspectante patre rem habuerunt. Scorta visebantur nudis corporibus : gestus motusque obscoeni.* (Dion.) Néron, au milieu de cette troupe effrénée, donnoit l'exemple de la dissolution, & il n'y eut aucune sorte d'abomination dont il ne se souillât : *Per licita atque illicita foedatus, nihil flagitii reliquerat, quo corruptior ageret.* (Sueton.)

Enfin la fête fut couronnée par une débauche inouie : il y avoit parmi toute cette jeunesse un nommé Diophorus, dont l'Empereur devint amoureux ; & comme il avoit épousé Sporus qu'il caressoit comme sa femme, il voulut aussi avoir un mari, & Diophorus eut cet honneur. Les noces furent célébrées avec toute la pompe & les solemnités accoutumées : *Inditum*

Imperatori flammeum : miffi aufpices duo, & genialis torus, & faces nuptiales ; cunĉta denique fpeĉtata, quae in foemina nox aperit. (Tacit.) Et Néron pouffa l'impudence à un tel point, que pour mieux jouer fon rôle de femme, la nuit de fes noces il contrefit la voix plaintive d'une vierge à qui l'on fait violence : *Voces quoque & ejulatus vim patientium virginum imitatus.*

Héliogabale, dont nous avons déja cité quelques traits de reffemblance avec Néron, fuivit fon exemple avec Magire, dont il avoit fait fon mari ; & pendant que cet époux prétendu confommoit fon mariage, il s'écrioit : *Concide Magire, concide.*

Après ce beau mariage Néron fe faifoit voir couché au milieu de Sporus & de Diophore, & faifoit avec l'un l'office de femme & celui d'époux avec l'autre : au refte, ce n'a pas été feulement ces deux monftres qui fe font abandonnés à ces débauches fingulières, on a vu des femmes qui ont eu les mêmes fantaifies, & la Phyllis de Martial en fit l'effai :

> Cum duo veniffent ad Phyllida manè fututum
> Et nudam cuperet fumere uterque prior :
> Promifit pariter fe Phyllis utrique daturam,
> Et dedit, ille pedem fuftulit, hic tunicam.

N. XXXVI.

Néron, une femme & trois mignons.

Camée de Pythodore de Tralles.

Voici encore un tableau digne de Néron : cet homme infatiable fur les plaifirs, auroit voulu les éprouver tous en même temps & dans toutes les parties de fon corps : pendant qu'il jouit d'une de fes maîtreffes, il s'abandonne lui-même à un de fes mignons, & en baife un troifieme aux endroits les plus honteux; les autres acteurs de cette fête ne font point oififs, des jeunes femmes excitent fa lubricité par les attouchemens, les poftures & les geftes les plus lafcifs, & deux autres jeunes garçons promènent leurs parties naturelles fur toutes les parties & dans toutes les cavités de fon corps. Quel horrible fpectacle ! On pouvoit dire véritablement qu'il étoit noyé dans la débauche & les voluptés, & que tous fes membres auffi bien que toutes les facultés de fon ame étoient abforbées dans un torrent de délices.

Héliogabale, cet autre monftre dont nous avons déja rapporté plufieurs traits & qui paroît avoir voulu prendre Néron pour modèle, répéta une scène aussi impudique ; un ancien auteur nous la peint en peu de mots , mais très-énergiques : *Quis enim ferre possit Principem , per cuncta cava corporis libidinem recipientem.* (I amprid.) Ce digne imitateur de Néron avoit par-tout des émissaires , *qui ei bene vasatos perquirerent , eosque ad aulam perducerent , ut eorum conditionibus frui possit.* Il jouoit dans son palais la fable de Pâris , & se faisoit habiller en Vénus : *Nudusque una manu ad mammam , altera pudendis adhibita , ingeniculabat , posterioribus eminentibus in subactorem rejectis & oppositis.* Il ne souhaitoit de jouir de la vie que pour être en état de se prostituer à tout le monde : *Eum fructum vitae praecipuum existimans si dignus atque aptus libidini plurimorum videretur.* Il demandoit publiquement aux plus graves sénateurs & aux philosophes les plus respectables , *an & ipsi in adolescentia perpessi essent quae ipse pateretur.* Et dans tous ses discours , ses mouvemens & ses gestes , même en public , ce n'étoit que paroles & postures indécentes : *Cum & digitis impudicitiam ostentaret nec ullus in conventu & audiente populo esset pudor.* Il croyoit tous les hommes aussi débauchés que lui , & il suivoit en cela aussi Néron son modèle , de qui Suétone rapporte qu'il étoit persuadé qu'il n'y avoit pas sur la terre un homme chaste :

Neminem hominem pudicum, *aut ulla corporis parte purum*; & que dans la plupart, l'honnêteté n'étoit que diffimulation & grimace : *Ideòque profeffis apud fe obfcoenitatem cetera quoque conceffit delicta.*

Quelqu'outré que paroiffe ce fentiment, il faut avouer qu'il l'étoit beaucoup moins de fon temps : la dépravation des moeurs étoit horrible à Rome, il n'y avoit plus ni frein ni pudeur, & les hommes donnoient, la plupart, dans les mêmes excès que Néron ; nous pourrions le prouver par une foule d'autorités, mais nous nous contenterons de celles-ci :

Viri effe recufant, & non facti funt mulieres,
Neque viri facti funt, cum patiantur opera mulierum,
Nec mulieres funt, cum naturam confecuti fint virorum,
Viri funt mulieribus, & viris mulieres.

(Epigr. de l'Anthologie.)

Quid narrat tua moecha ! non puellam
Dixi, Tongilion, quid ergo ? linguam.

(Martial. Epigr. 62.)

Lingis non futuis meam puellam.
Et garris quafi mocchus, & fututor.

(Idem, Epigr. 92.

Effe videbaris, fateor, Lucretia nobis
At tu (pro facnus !) Baffa fututor eras.

(Idem, Epigr. 91.)

Inter fe geminos audes committere cunnos.
Mentitur verum prodigiofa Venus.
Commenta eft dignum Thebano aenigmate monftrum
Hic ubi vir non eft ut fit adulterium.

(Idem.)

N. XXXVII.

Néron sort de la grotte de l'amphithéatre couvert d'une peau d'ours.

Camée de Craterus.

N. XXXVIII.

Néron & Doryphorus.

Médaille.

Les livres d'Eléphantis de Milet & de Philénis ont été célèbres dans toute l'antiquité à caufe des leçons de volupté & de la variété des poftures & des mouvemens dont ils donnoient l'explication ; Ovide avoue que les femmes d'un certain âge ont affez d'expérience pour varier les plaifirs de mille façons :

Utque velis venerem jungunt per mille figuras ,
Invenit plures nulla tabella modos.

Il ajoute que toutes les attitudes ne font pas propres à toutes les femmes :

. . . . . . Non omnes una figura decet
Quae facie praefignis erit, refupina jaceto,
Spectetur tergo cui fua terga placent.

N. 37 & 38.

Menalion humeris Atalantae crura ferebat
Si bona funt, hoc funt afpicienda modo :
Strata premat genibus paullum cervice reflexa
Foemina per longum confpicienda latus.
Cui femur eft juvenile, carent quoque cetera menda
Semper in obliquo fufa fit illa toro.
Tu quoque cui rugis uterum Lucina notavit
Ut celer averfis utere Parthus equis.

Enfin , dit-il :

Mille modi Veneris , fimplex minimique laboris
Cum jacet in dextrum femifupina latus.

On connoît les vers de Martial fur les def-
criptions voluptueufes d'un certain Sabellus ,
Epigr. 43 , *lib.* 12. Et plufieurs autres auteurs ,
parmi les anciens & les modernes , ont décrit
ou inventé des poftures , des figures & des
attitudes voluptueufes ; mais nous doutons qu'on
ait jamais fongé à un nouveau genre de luxure
plus extraordinaire que celui dont Néron fut
l'inventeur , & dont la mémoire fubfifte encore
dans ce camée & dans cette médaille qui nous
ont coûté bien des recherches , & dont nous
ne faifons qu'un article dans nos explications
à caufe de la liaifon qu'il y a entre les deux
anecdotes que ces antiques repréfentent. Il
faifoit lier , tout nus , à des poteaux des
perfonnes des deux fexes , & revêtu lui-même
d'une peau de bête fauvage , il feignoit de

fortir de fa tanière , & s'élançant fur fes vic-
times , il cherchoit fur leurs corps d'affreufes
jouiffances , & lorfque fes emportemens étoient
affouvis , il terminoit la fcène en s'abandonnant
à fon affranchi Doryphore qu'il avoit époufé
auffi bien que Sporus ; voici les expreffions de
Suétone que nous avons adouci dans notre
traduction : *Suam quidem pudicitiam ufque adeo*
proftituit , ut contaminatis paene omnibus membris ,
noviffimè quafi genus luxûs excogitaret : quatenus
ferae pelle conteélus emitteretur e cavea , virorumque
ac foeminarum ad ftipitem delegatorum inguina in-
vaderet , & quum affatim defaeviffet , conficeretur
a Doriphoro liberto. Et Dion raconte la même
aventure en d'autres termes auffi énergiques :
Illud vero quis dignè mirari poteft , quod cum ado-
lefcentes , & puellas nudas alligaret cruci , capiebat
pellem ferae , deinde quafi devoraret aliquid in eos
irruebat petulanter ?

Il n'y a dans toute l'antiquité qu'un feul
exemple digne d'être oppofé à celui-ci , c'eft
l'hiftoire fabuleufe de Pafiphaë qui devint amou-
reufe d'un taureau , & dont Virgile , dans fa
fixième églogue , décrit fi élégamment la paffion
malheureufe : il eft vrai que Jupiter , dans la
fable , fe déguifa tantôt fous la forme d'un taureau , tantôt fous celle d'un cigne ; mais n'eft-ce

point pour nous apprendre que, dans les plaisirs de l'amour, il n'y a rien de bon que le physique dont les animaux jouissent mieux que nous ? Peut-être aussi a-t-elle voulu nous effrayer par un exemple épouvantable du pouvoir de la volupté sur le coeur d'un homme qui s'y livre avec passion : les femmes, dit Anacréon dans son ode, sont foibles & délicates, mais leur beauté fait toute leur force , & rien ne peut résister à leurs appas ; en voici la traduction: » La nature donna les cornes aux taureaux, une » démarche fière aux coursiers, aux lions des » dents redoutables, aux oiseaux des ailes, des » nageoires aux poissons & le courage aux » hommes. Que réservoit-elle donc aux femmes » pour leur partage ?... La beauté, qui leur » tient lieu de tous les boucliers, de tous les » javelots. Une belle femme triomphe & du fer » & du feu.

N. XXXIX.

Agrippine, pour recouvrer son autorité, offre ses charmes à son fils : celui-ci est sur le point d'en jouir, mais Acté sa concubine l'entraîne & se fait donner la préférence.

NERON fatigué des remontrances de Sénèque & de Burrhus, des railleries de ses compagnons de débauche, de ses courtisannes & des plaintes continuelles de sa mère, se brouilla avec elle, cessa de la voir, lui ôta tous les honneurs & toutes les marques de la souveraineté, & la laissa seule & désolée : elle fut inconsolable de se voir déchue d'un si haut degré de puissance, & vouloit, à quelque prix que ce fût, y remonter : elle cria, tonna, menaça, fit des reproches, des plaintes & des promesses, mais tout fut inutile ; & la cour, qui peu auparavant avoit été chez elle si brillante & si nombreuse, disparut tout d'un coup, & Agrippine fut oubliée de ceux même qui lui devoient tout : elle ne put ſupporter ce mépris , & voyant qu'il ne lui reſtoit qu'un moyen de gagner ſon fils , elle ne balança point à le mettre en uſage ; elle étoit belle , ſon fils étoit diſſolu & inſatiable de plaiſirs , il avoit autrefois en litière reçu d'elle des marques de complaiſance , qui l'avoient charmé , & voilà quelles furent ſes complaiſances & ſes artifices. *Tradit Cluvius ardore retinendae Agrippinam potentiae eo uſque provectam , ut medio diei , cum id temporis Nero per vinum & epulas incaleſceret , offerret ſe ſaepius temulento comptam & inceſto paratam. Jamque laſciva oſcula , praenuntias flagitii blanditias , annotantibus proximis , Senecam contra muliebres illecebras ſubſidium a foemina petiviſſe , immiſſamque Acten libertam , quae ſimul ſuo periculo , & infamia Neronis anxia deferret pervulgatum eſſe inceſtum gloriante matre, nec toleraturos milites profani Principis imperium.* (Tacit. lib. 14.) Cette dernière raiſon fut la ſeule puiſſante ſur l'ame de Néron ; la crainte de ſcandaliſer les ſoldats , de les irriter & de perdre l'empire le fit renoncer aux plaiſirs que lui offroit ſa mère , car pour le reſte il n'étoit pas homme à s'effrayer pour un crime de plus : on dit même que ſa paſſion pour ſa mère fut telle , qu'il aima beaucoup une de ſes concubines parce qu'elle lui reſſembloit.

Sénèque s'oppoſa de toutes ſes forces à cette

liaison incestueuse, sans doute par raison, un peu par crainte, mais peut-être aussi par jalousie; car Dion nous assure que ce grand philosophe n'étoit pas dans ses moeurs aussi irréprochable que dans ses écrits, puisqu'il étoit un des amans d'Agrippine. Cette Princesse, d'une ambition démesurée, se servoit de ses charmes pour arriver à son but, elle n'eut pas même honte de se prostituer à des affranchis, parce qu'ils étoient puissans à la cour. *Credibilior novae libidinis meditatio in ea visa est, quae puellaribus annis stuprum cum Lepido spe dominationis admiserat, pari cupidine usque ad libita Pallantis provoluta, & exercita ad omno flagitium patrui nuptiis.* (Tac. ib.)

Que l'ambition est une passion terrible & violente ! que de maux elle a causé à la terre, & que de sang elle a fait répandre ! Tacite, qui se déchaîne avec tant d'énergie contre Agrippine, auroit cependant été bien embarrassé à répondre si on l'avoit obligé à comparer les crimes, les horreurs & les barbaries des hommes pour assouvir leur ambition, avec tout ce que jamais les femmes ont fait de plus horrible pour cette même passion: les femmes n'ont que leurs charmes pour subjuguer les hommes; faut-il donc s'étonner si elles s'en servent comme elles peuvent ? sur-tout si l'on considère la dépendance & la gêne où elles font tenues, le peu qu'elles figurent dans le monde & l'état réellement méprifable où les hommes fe font de tout temps piqués de les tenir. Eft-il plus pardonnable de remplir la terre de carnage & de fang, & de bouleverfer des empires, que de procurer des plaifirs aux hommes, & de les enchaîner par la main des grâces & des amours? Il faut avouer que les auteurs ont été fort injuftes envers le fexe, & en général les hommes le font toujours; Euripide, parmi les Grecs, eft celui de tous les poëtes qui les a le plus mal-traitées : rarement elles ont eu des apologiftes, & les hommes fe vangent dans leurs écrits des adorations qu'ils font obligés de leur prodiguer. L'anthologie eft pleine d'épigrammes contre les femmes, à peine en trouveroit-on quelqu'une en leur faveur : Pallade étoit contr'elles de fi mauvaife humeur qu'il n'accufe pas moins celles qui font bonnes que les méchantes :

> Omnes Homerus oftendit malam, & fallacem mulierem
>   Caftam & meretricem, utramque perniciofam.
> Ex Helena enim adultera caedes virorum
>   Et propter pudicitiam Penelopes, interitus.
> Ilias igitur poema eft propter unicam mulierem,
>   Et Odyffeae Penelope dedit occafionem.
>
> *(Lib. I, Epig.* 19.*)*

Horace avoit dit avant lui :

> . . . . Cunnus teterrima belli
> Caufa.   *(Sat.* 3.*)*

N. XL.

Othon avec une vieille & Néron.

LA seule voie qui à la cour de Néron frayoit le chemin aux honneurs , aux richesses & à la faveur du Prince , c'étoit la dissolution , la débauche & l'art d'inventer de nouveaux plaisirs; aussi , parmi une foule de courtisans , un de ceux qui réussirent le mieux , ce fut Othon dont nous avons parlé ci-devant , N. 35. Et comme ce Prince , avant de parvenir à l'empire , fut le principal confident de Néron & qu'on peut le regarder comme son successeur à l'empire à cause de la briéveté du règne de Galba , & que d'ailleurs le règne court & sévère de celui-ci ne nous a laissé aucun monument digne d'entrer dans cette collection , nous donnons cette planche & les trois suivantes sous le nom d'Othon quoiqu'elles rappellent des aventures arrivées sous le règne de Néron.

Othon étoit de grande naissance , bien fait , impudent , prodigue & le plus voluptueux des hommes : il manquoit de fonds pour nourrir ses vices & sa magnificence , & il eut recours à la ruse , à l'adulation & à une parfaite conformité de vie avec Néron : pour s'infinuer dans fes bonnes graces, il ne fe fit aucun fcrupule de les acheter par la plus infame proftitution ; c'étoit prendre Néron par fon foible, & quand on avoit de la jeuneffe & de la figure on ne manquoit guères de le captiver par ce moyen ; en effet, Othon lui plut finguliérement, & il eut pour lui tant de complaifance qu'il s'abandonna à lui de la même manière dont Othon avoit gagné fes bonnes graces : ce commerce mutuel étoit public, & Othon en tiroit vanité, voyant que par-là il avoit un pouvoir abfolu ; auffi Suétone rapporte qu'il fe fioit fi fort fur fon autorité, que fur l'efpoir d'une grande récompenfe, il déroba un jour à la rigueur de la loi un Confulaire condamné pour crime de concuffion ; & avant que fa grace lui fût accordée, il ofa l'introduire au fénat pour remercier fes protecteurs.

Néron avoit une fi grande fureur pour les garçons, qui étoient d'une figure avantageufe, qu'ayant condamné à mort le jeune Aulus Plautius, jeune homme de la plus grande naiffance, il eut la brutalité d'en abufer avant de le faire égorger ; & afin de colorer fon crime, il répandit qu'Agrippine avoit aimé Plautius, & lui avoit fait concevoir l'efpérance du trône

impérial : *Eat nunc , inquit , mater mea , & fuc-
ceſſorem meum oſculetur : jaĉtans dileĉtum ab ea ,
& ad ſpem imperii impulſum.* (Sueton.)

Othon ne ſe contenta pas de s'être proſtitué
à l'Empereur , pour affermir ſa faveur , il
n'oublia perſonne de ceux qu'il crut capable
de le ſoutenir. Il y avoit à la cour une vieille
affranchie , preſque décrépite , mais qui avoit
du crédit & parloit à Néron avec beaucoup de
familiarité ; Othon ſe mit à lui faire la cour ,
il feignit de l'amour pour elle , lui fit tourner
la tête , & l'engagea pour toujours dans ſes
intérêts. Voilà donc le jeune , l'aimable , le
faſtueux Othon qui careſſe une vieille dégoû-
tante , & ſe ſoumet en même temps à la brutale
incontinence de Néron ; c'eſt par de tels degrés
qu'il monta au faîte de la grandeur & de la
puiſſance. Il eſt vrai qu'il ſe dédommageoit avec
les plus belles Dames de la cour de tout ce qu'il
étoit obligé de faire pour ſa vieille , & Martial
auroit eu tort de dire de lui , ce qu'il écrivit
de Baſſus :

Arrigis ad vetulas , faſtidis , Baſſe , puellas ,
   Nec formoſa tibi , ſed moritura placet.
Hic , rogo , non furor eſt , non eſt haec mentula demens
   Cum poſſis Hecubam , non potes Andromachen ?
                (*Mart. Epig.* 74, *Lib.* 3.)

L'argent a produit bien souvent des phénomènes aussi extraordinaires que l'histoire d'Othon, mais une vieille femme qui veut se faire caresser sans payer son amant est une folle, & son extravagance est digne des vers suivans du même poëte :

> Vis futui gratis cum sis deformis anusque,
> Res perridicula est, vis dare, nec dare vis.
>
> *(Idem. Epig. 74, Lib. 7.)*

Horace n'a pas moins donné carrière à sa bile poétique sur ce sujet dans les odes 8 & 12 du livre 5, dans la 15 du livre 3 contre Cloris, & sur-tout dans sa belle ode contre Lycé :

> Quò fugit Venus? heu! quo calor? heu! decens
> Quò motus? Quid habes illius, illius
>   Quae spirabat amores,
>   Quae me surpuerat mihi?
>
> *(Horat. Od. 13, Lib. 4.)*

N. XLI.

Othon & Néron à table avec la belle Poppée.

Peinture antique.

PARMI tant de beautés qui brilloient à la cour de Néron, & qui étoient dignes de captiver le coeur du jeune Empereur, il n'y en avoit aucune de comparable à Sabina Poppéa, foit par les charmes de fa perfonne, foit par les agrémens de fon efprit ; il ne manquoit rien à cette femme illuftre que la chafteté : *Huic mulieri cunĉta alia fuêre praeter honeſtum animum. (Tacit.)* Sa mère, une des plus belles femmes de fon temps, lui avoit donné la beauté avec tous fes charmes : fes richeffes répondoient à fa naiſfance, fon langage étoit doux & affable, & fon efprit avoit beaucoup de vivacité. Elle favoit fe parer à propos d'une modeftie engageante, & fe livrer quand elle vouloit à des faillies voluptueufes : elle ne paroiffoit guères en public, & quand elle fortoit elle fe couvroit une partie du vifage, afin, dit le même auteur, *ne fatiaret afpeĉtum, vel quia fic decebat.* Elle ne fe mit jamais en peine de fa réputation, ne diftingua jamais un amant d'avec un mari, & fans s'affujettir à fa propre inclination , ni à celle d'autrui , elle fe plioit indifféremment à tout ce qu'elle penfoit lui devoir être utile ; étant mariée à Rufus Crifpinus Chevalier Romain , dont elle avoit un fils, elle n'héfita point de l'abandonner pour fe livrer à Othon, parce qu'outre fa jeuneffe & fa magnificence , il paffoit univerfellement pour celui que Néron aimoit davantage , auffi ne tardèrent-ils pas à fe marier enfemble.

Othon, poffeffeur d'une fi belle femme , ne put cacher fon bonheur ; il ne ceffoit de louer la beauté & les charmes de Poppée , foit par une indifcrétion ordinaire aux amans , foit peut-être pour en donner envie à l'Empereur, s'imaginant que s'ils avoient une femme en commun , ce feroit un lien qui affermiroit fa faveur : *Saepe auditus eft confurgens e convivio Caefaris fe ire ad illam , fibi conceffam diclitans nobilitatem , pulchritudinem , vota omnium & gaudia felicium.* (Tacit. lib. 13.)

Néron ne tarda guères à fe laiffer prendre à ces amorces , & dès la première entrevue Poppée acheva de l'enivrer d'amour par fes careffes, feignant d'être éprife de fa bonne mine, & de ne pouvoir plus réfifter à la paffion qu'il lui avoit infpirée. Cette première entrevue fe fit à table , Poppée y déploya tous fes charmes ,

& enflamma Néron d'un feu si violent qu'il ne put se contenir , il l'embrassa & la pria de lui accorder ses faveurs. Elle obéit, & voilà Othon & l'Empereur qui partagent également les bontés de cette femme charmante : tel est le sujet de cette peinture ; Othon eut lieu de s'en repentir, comme nous le verrons dans la suite , & il le méritoit bien.

L'antiquité nous a transmis l'histoire d'une imprudence semblable dans Candaule roi de Lydie : *Hic, uxorem quam propter pulchritudinem deperibat, praedicare omnibus solebat, non contentus voluptatum suarum tacitâ conscientiâ, prorsus quasi silentium damnum pulchritudinis esset.* (Just. lib. 1.) Les jeunes gens , flattés de l'amour & de la préférence d'une belle femme , sont très-souvent sujets à de telles indiscrétions : leur joie est au comble, il faut qu'elle déborde ; & c'est d'après la nature du coeur humain , que Térence introduit Chéreas, qui hors de lui-même & enivré du plaisir d'avoir goûté dans les bras de sa jeune maîtresse la suprême félicité , s'écrie tout transporté :

Jamne erumpere hoc licet mihi gaudium ? proh Jupiter !
Nunc est profecto , interfici cum perpeti me possum ,
Ne hoc gaudium contaminet vita aegritudine aliquâ.
Sed neminemne curiosum intervenire nunc mihi,
Qui me sequatur quoquo eam, rogitando obtundat, enecet?

Enfin il rencontre fon ami Antiphon , qui lui dit :

> Narra iftud quaefo , quid fiet.

Et Chéréas répond :

> Imo te obfecro hercle , ut audias.
>
> *(Terent. in Eunuc.)*

Cependant les femmes n'aiment guères que l'indifcrétion de leurs amans rende publiques leurs foibleffes & leurs voluptés cachées.

> Eximia eft virtus praeftare filentia rebus
> Et contra gravis eft culpa tacenda loqui.
> Praecipue Cytherea jubet fua facra taceri.
> Admoneo veniat ne quis ad illa loquax. . . . . .
> Nos etiam veros parcè profitemur amores ,
> Tectaque funt folida myftica furta fide.
>
> *(Ovid. de art. am. lib. 2.)*

N. XLII.

Othon présente sa femme Poppée à Néron avec toutes les marques du desespoir.

Camée de Parthénius.

OTHON ne fut pas moins imprudent que l'ancien Roi de Lydie, & s'il n'en fut pas puni aussi cruellement, il eut au moins tout lieu de s'en repentir & de maudire son indiscrétion. Quand Poppée eut vu Néron enflammé tout de bon, elle devint plus fière ; & faisant la difficile, s'il vouloit la retenir plus d'une ou deux nuits, elle lui représentoit qu'elle avoit un mari avec qui elle étoit unie par un genre de vie qu'elle ne pouvoit trouver avec d'autres. Qu'Othon étoit généreux & magnifique, & qu'elle possédoit avec lui les avantages de la plus haute fortune ; au lieu que Néron, accoutumé à une simple affranchie, n'avoit pu contracter dans ce commerce que des sentimens bas & serviles. Ces discours artificieux eurent l'effet qu'elle en attendoit, Néron cessa d'aimer Acté sa concubine favorite, répudia la malheureuse Octavie, & finit par épouser Poppée : mais il falloit commencer par éloigner Othon

N. 42.

qui étoit devenu tout-à-coup si jaloux de sa femme , *ut ne rivalem quidem Neronem aequo tulerit animo. Creditur certè non modò miſſos ad arceſſendam non recepiſſe, ſed ipſum etiam excluſiſſe quondam pro foribus adſtantem miſcentemque fruſtra minas & preces, ac depoſitum repoſcentem.* (Suet.) Cette jalouſie étoit auſſi ridicule que déplacée ; car après avoir proſtitué ſa femme à un Prince tel que Néron , n'étoit-ce pas le comble de la folie, que de s'aviſer enſuite de vouloir en être ſeul poſſeſſeur ? Auſſi fut-il également mépriſé de l'Empereur & de Poppée ; mais en même temps ſon bonheur fut extrême , en ce qu'un homme auſſi abſolu & ſanguinaire que Néron lui épargna la vie, & ſe contenta de l'éloigner; il fut même relégué avec honneur , & il eut le gouvernement de la Luſitanie : cette punition parut ſuffire à ce Prince , dans la crainte où il étoit que le ſecret de ſes intrigues amoureuſes ne fût divulgué; il le fut cependant, ſi l'on en doit juger par ce diſtique que courut alors dans Rome:

Cur Otho mentito ſit quaeritis exſul honore ?
Uxoris moechus coeperat eſſe ſuae.

Le graveur de ce camée a fort bien réuſſi à peindre la jalouſie & le déſeſpoir d'Othon , qui s'étant retiré dans ſon gouvernement s'y con-duiſit avec une modération , une douceur &

une fagesse qu'on n'avoit pas eu lieu d'attendre d'un homme aussi décrié ; tant il est vrai qu'il y a beaucoup de gens qui ne font voluptueux & débauchés que faute d'être placés d'une manière conforme à leurs talens. *Otho provinciae Lusitaniae praeficitur , ubi usque ad civilia arma non ex priore infamia , sed integre , sanctèque egit , procax otii , & potestatis temperantior.* (Tacit. lib. 13.)

Cette contradiction de moeurs, que nous observons dans Othon, fut commune à plusieurs grands hommes de l'antiquité : nous l'avons remarquée chez Céfar , chez Marc Antoine & fur-tout chez Alcibiade ; mais fi l'on fe rappelle la vie, les moeurs & le caractère de Démétrius Poliorcetès on la verra éclater en lui d'une manière très-furprenante. Ce Prince réunissoit tant de qualités oppofées que Plutarque a raifon de dire, qu'il étoit une efpèce de prodige ; il faudroit ici tranfcrire plufieurs traits de fa vie, qui eft une des plus inftructives & des plus amufantes, mais nous y renvoyons nos lecteurs : quant à Poppée, elle fe fit détefter par fon luxe & par fa cruauté ; tout le monde a lu dans Sénèque la molleffe, les délices & la prodigalité de cette femme, & combien elle dépenfoit par jour pour conferver fa beauté ; mais ce qui la fit prendre en horreur, c'eft qu'on fut perfuadé que Néron ne chaſſa & ne fit mourir Octavie que pour lui complaire & lui aſſurer le rang d'Impératrice, & qu'il finit par ſacrifier ſa mère même aux craintes & à la jalouſie de cette femme cruelle. Tacite, que nous citons ſouvent, en fait un détail affreux au commencement du livre 14 de ſes annales : on regarda ſa mort, qui ſuivit de près celle d'Agrippine, comme un digne châtiment de ſa barbarie ; elle étoit enceinte, & un jour que Néron revint un peu trop tard, elle s'aviſa de lui dire des duretés : le Prince impatienté eut la brutalité de lui donner un coup de pied ſi malheureuſement qu'il lui cauſa la mort. *Poppeam dilexit unicè, & tamen ipſam quoque ictu calcis occidit, quod ſe ex aurigatione ſero reverſum gravida & aegra convitiis inceſſerat.* (Sueton.)

L'Empereur la regretta ſincérement, & lui fit des funérailles d'une magnificence extraordinaire ; mais perſonne ne fut ſenſible à la perte d'une telle femme. *Mors Poppeae ut palam triſtis, ita recordantibus laeta ob ejus impudicitiam ſaevitiamque.* (Tacit. lib. 16.)

N. XLIII.

Néron & Othon font affis à table, & fervis par des filles & des garçons tout nus.

APRES avoir vu dans les chapitres précédens les fuites fàcheufes de l'indifcrétion d'Othon, les excès où l'ambition démefurée de Poppée portèrent cette Princeffe, & fa fin malheureufe, nous allons retourner en arrière pour parler d'une fête magnifique & galante que Néron donna à Othon & à fon époufe dans le temps qu'il commença à devenir amoureux de cette femme : on connoît le luxe & la prodigalité de cet Empereur, & dans cette occafion, il voulut fe furpaffer pour faire honneur à fon ami & mieux féduire fa femme : le poëte Lucain, qui étoit alors en faveur & qui affifta à cette fête, nous en a laiffé une pompeufe defcription dans celle qu'il fait du feftin que Cléopatre donna à Céfar, & dont nous avons déja eu occafion de faire mention dans le *N.* 12.

Ipse locus templi, quod vix corruptior ætas
Extruet, instar erat, laqueataque tecta ferebant
Divitias, crassumque trabes absconderat aurum :
Nec summis crustata domus, sectisque nitebat
Marmoribus, stabatque sibi non segnis Achates
Purpureusque lapis, totaque effusus in aula
Calcabatur Onyx. . . . .
. . . . Crebro maculas distincta smaragdo
Fulget gemma toris, & jaspide fulva suppellex. . . . .
Tunc famulae numerus turbæ, populusque minister,
Discolor hos sanguis, alios distinxerat ætas. . . . . .
Nec non infelix ferro mollita juventus,
Atque exsecta virum. . . . .

Les garçons & les filles qui servoient à table étoient de la plus jolie figure, ils étoient nus, & par leurs attitudes, leurs gestes & leurs postures voluptueuses, ils excitoient la joie & la lubricité des conviés. Néron étoit dans l'ivresse, Bacchus & Vénus s'étoient emparés de sa raison & de ses sens, & la belle Poppée étoit l'objet de ses transports & de ses caresses enflammées : Othon étoit trop bon courtisan pour ne pas applaudir à la joie de son maître, mais on voyoit bien qu'il étoit rongé d'un secret dépit : la vue d'un amant heureux, qui triomphe avec sa belle aux yeux d'un amant malheureux, est un tourment qui n'a point d'égal, & Néron étoit peut-être, en ce moment-là ,

plus cruel que lorfqu'il le relégua en Lufitanie.
Il faut avoir aimé pour fentir tout ce qu'un tel
fpectacle avoit de défefpérant pour lui. Horace,
à qui Lydie faifoit éprouver quelque chofe
d'approchant, en fait des plaintes fort vives :

Quum tu Lydia Telephi
Cervicem rofeam , cerea Telephi
Laudas brachia , vae ! meum
Fervens difficili bile tumet jecur , &c. &c.

(Horat. Od. 13 *, Lib.* 1. *)*

La malheureufe Octavie étoit auffi du feftin :
Quelle humiliation pour cette aimable Princeffe
d'être témoin du triomphe de fa rivale ! Elle
en fut bientôt la victime, Néron la chaffa, la
relégua , & la fit enfin mourir après l'avoir
déshonorée par des imputations atroces : on fit
donner la queftion à fes femmes , qui cédant
à la force des tourmens , avouèrent des crimes
dont jamais cette vertueufe Impératrice n'avoit
eu d'idée : la feule Pythias fut inébranlable,
elle eut le courage de faire à l'infame Tigellin
cette réponfe fi énergique que Dion nous a
tranfmis , mais que nous ne pouvons donner
en françois : *Mundior eft , Tigelline , vulva
dominae meae quam os tuum.*

N. XLIV.

Vitellius jeune encore avec Tibère.

OTHON après trois mois de règne, ayant perdu une bataille contre Vitellius fon rival, craignant d'entraîner fa patrie dans les horreurs d'une guerre civile, voulut fe donner la mort malgré les remontrances & les pleurs de fes foldats, qui tous vouloient expofer leur fang & leur vie pour le défendre : cet homme, qui avoit toujours vécu en débauché, dans la molleffe & les plaifirs, mourut en héros, & il quitta l'empire avec autant de courage & de grandeur d'ame qu'il avoit mis de baffeffe & d'intrigue pour y parvenir. Suétone & Plutarque n'ont parlé de fa mort qu'avec éloge, & le premier fait cette remarque : *Per quae factum putem, ut mors ejus minimè congruens vitae majori miraculo fuerit.*

Aulus Vitellius fut fon fucceffeur : il étoit fils de Lucius Vitellius, grand homme d'état & grand général, mais qui fe déshonora par fa paffion effrénée pour une affranchie dont il employoit la falive mêlée avec du miel pour fe frotter la gorge & les artères, remède fingulier dont il ufoit tous les jours & en préfence de tout le monde. C'étoit auffi un courtifan fort habile dans l'art de flatter les Princes : un jour que Caligula lui demandoit , s'il n'avoit pas vu la lune venir coucher avec lui ; il répondit adroitement : « Vous autres Dieux , vous ne vous » rendez visibles qu'entre vous ». Voyant ensuite l'Empereur Claude , uniquement livré à ses affranchis & aux charmes de Messaline , il fit placer les statues de Pallas & de Narcisse parmi ses Dieux domestiques , & ne cessa de faire une cour servile à l'Impératrice ; au point qu'ayant un jour sollicité , comme une faveur , la permission de déchausser cette Princesse , il prit son soulier droit , le porta long-temps avec respect entre sa tunique & sa toge , & s'abaissa quelquefois jusqu'à le baiser.

Son fils Aulus Vitellius , qui fut Empereur , ne ressembla à son père que par ses vices : tout jeune encore il vécut à Caprées dans le serrail de Tibère ; on croit même qu'il servit aux plaisirs infames de cet Empereur , & que la beauté du fils contribua à la fortune de son père : c'est à cela précisément que fait allusion ce camée de Craterus ; les vices de Vitellius crurent avec l'âge , & l'opprobre dont il étoit couvert servit à l'avancer à la cour ; son adresse à conduire un char le rendit favori de Caligula , & sa passion pour les jeux de hasard celui de Claude. Qu'on

juge quels devoient être des Princes qui avoient
paſſé toute leur jeuneſſe dans la débauche la plus
outrée, & qui ne devoient les commencemens
de leur fortune qu'à leur infamie & à des complaiſances criminelles ! Nous avons vu par quels
moyens honteux Othon avoit gagné la faveur
de Néron : Céſar, pour de l'argent, ſe proſtitua
à Nicomède ; Auguſte à Céſar, pour en être
adopté ; Caligula à Macron & à ſa femme,
pour s'appuyer de leur crédit à la cour de Tibère :
les favoris & les miniſtres, plus corrompus que
leurs maîtres, n'accordoient leur protection
que pour de l'argent ou pour des complaiſances
ſcandaleuſes : les Impératrices & les femmes de
leur cour agiſſoient de la même manière, &
jamais l'intérêt, la volupté & la débauche ne
régnèrent avec un pouvoir ſi abſolu qu'à la cour
de ces Empereurs ; mais celui de tous qui fit le
trafic le plus honteux des charges de l'empire
ce fut Héliogabale : *Vendidit & honores, &*
dignitates & poteſtatem tam per ſe quam per omnes
ſervos, ac libidinum miniſtros. Il remplit le ſénat
& ſon palais de gens ſans naiſſance, ſans talens,
& qui n'avoient d'autre mérite que leur beauté
& leur débauche : *Multos quorum corpora placue-*
rant, de ſcena, & circo, & arenâ in ſenatum &
aulam traduxit. (Lamprid.)

Néron, Claude & Messaline avoient déja prodigué les honneurs & les dignités les plus élevées à leurs favoris ; bien différens en cela de Trajan & d'Hadrien qui étoient, il est vrai, passionnés pour les garçons, mais qui ne leur prostituèrent jamais que leurs personnes ; Dion dit de Trajan : *Etsi erat amoribus puerorum deditus, tamen nihil ob eam causam turpiter aut nequiter fieri passus est quamobrem jure reprehenderetur.* Hadrien idolâtroit Antinoüs jusqu'à lui consacrer des temples après sa mort, mais jamais ni ce favori ni tant d'autres mignons qu'il avoit à sa cour, n'osèrent se mêler des affaires de l'empire : un grand Prince de nos jours, qui aimoit passionnément les femmes, étant couché avec sa maîtresse, celle-ci, qui avoit été gagnée pour arracher le secret de l'état, crut que le moment d'extase alloit être suivi d'une confidence entière : elle osa s'expliquer ; mais le Prince ayant pris un miroir le lui présenta, en disant : « Tu » vois cette tête charmante ? elle est faite pour » les caresses de l'amour, mais non pour les » secrets de la politique : *Quantùm homini homo* » *praestat !* »

N. XLV.

Vitellius & Asiaticus son affran-
chi : celui-ci lui offre une très-
belle femme , & son frère
L. Vitellius lui présente une
table magnifiquement servie.

LES Empereurs qui avoient précédé Vitellius,
au moins Tibère , Caligula & Néron, avoient
été plus vicieux que lui , mais aucun d'eux ne
fut si méprisable : son excessive gourmandise
le déshonora aux yeux de tout l'empire : c'étoit
en effet quelque chose de monstrueux que la
passion de cet homme pour les excès de la
table ; il aimoit les femmes , il étoit débauché
avec les garçons , il avoit toujours un serrail
à sa suite , mais tout cédoit à l'amour de la
bonne chère : son principal favori étoit un
jeune affranchi nommé Asiaticus ; & quoique
l'humeur difficile & grossière de cet affranchi
lui déplût , & qu'il l'eût même une fois chassé
de chez lui , cependant il le rappelloit, ne
trouvant personne plus vigoureux & plus infa-
tigable que ce jeune homme : *Libertus Vitellii*

Aſiaticus, Polycletos, Patrobios, & vetera odiorum nomina aequabat : nemo in illa aulâ probitate atque induſtriâ certavit : unum ad potentiam iter prodigis epulis ſatiare inexplebilis Vitellii libidines. (Tacit.)

L'Empereur aimoit auſſi paſſionnément une affranchie nommée Virginie, qui étoit d'accord avec Aſiaticus, lequel vouloit retenir le Prince dans ſes fers par tous les moyens poſſibles : il craignoit ſur-tout la magnificence de L. Vitellius frère de l'Empereur : Aſiaticus propoſoit des femmes, & Lucius des repas ſomptueux ; l'Empereur balançoit quelquefois, mais enfin la vue d'une table ſuperbement chargée de tout ce que le luxe & l'amour du plaiſir peut inventer le décida pour la bonne chère : c'eſt ce repas que Lucius donna à ſon frère, & qui fut célèbre dans toute l'antiquité, que Parthénius a gravé ſur cette pierre : *Famoſiſſima ſuper caeteras fuit coena ei data adventitia a fratre : in qua duo millia lectiſſimorum piſcium, ſeptem avium, appoſita traduntur.* (Sueton.) Tous les revenus de l'empire n'auroient pu ſuffire aux frais de ſa table : *Epularum foeda & inexplebilis libido : ex urbe atque Italia irritamenta gulae geſtabantur, ſtrepentibus ab utroque mari itineribus : exhauſti conviviorum apparatibus Principes civitatum : vaſtabantur ipſae civitates.* (Tacit.) Pétrone & Apicius n'approchèrent jamais d'une telle prodigalité ; auſſi

Dion Caffius nous affure, *Conftare inter omnes eum , quo tempore Principatum tenuit , confumpfiffe in coenas aureorum nonagies centena millia.*

Un bien plus grand homme que Vitellius ternit auffi la gloire de fa vie par une gourmandife outrée ; ce fut le grand Alexandre de qui Quinte-Curce , fon hiftorien , dit avec raifon : *Ingentia animi bona , indolem , conftantiam fidem , clementiam haud tolerabili vini cupiditate foedavit.* Tous fes crimes & tous fes malheurs furent caufés par cette intempérance : c'eft à table & après qu'il eut noyé fa raifon dans le vin , qu'il mit le feu à Perfépolis & qu'il tua fon ami Clitus : il fit perdre la vie à Epheftion fon favori à force de le plonger dans la débauche & dans le vin , & enfin il y fuccomba lui-même , à l'âge de trente-trois ans , au milieu de fa gloire & de fes efpérances , quoique d'autres aient écrit qu'il avoit été empoifonné.

Parmi les fucceffeurs de Vitellius , Héliogabale , que nous avons déja eu plufieurs occafions de citer , eft le feul qui puiffe lui être comparé pour la gourmandife & le luxe de la table ; il faudroit ici tranfcrire des pages entières de Lampridius : *Nunquam minus argenti libris triginta coenavit aliquando tribus millibus feftertium , coenafque Vitellii & Apicii vicit. Ad mare nunquam pifcem comedit , in longiffimis à mari locis omnia marina semper exhibuit : murenarum & luporum lactibus in locis mediterraneis pavit.* Ses profusions étoient énormes, l'or, les diamans, les parfums, les mets les plus délicats, les meubles les plus précieux, tout y étoit prodigué ; il étoit devenu si voluptueux & si dédaigneux en même temps, *Ut in lucernis balsamum exhiberet, & mulieres nunquam iteraret praeter uxorem.* Messaline n'étoit pas moins volage avec ses amans : Traulus Montanus en fut la victime, *Is modesta juventa, sed corpore insigni, accitus ultrò, noctemque intra unam à Messalina perturbatus erat, paribus lasciviis ad cupidinem & fastidio.* Peut-être aussi que Traulus n'avoit pas assez de vigueur pour satisfaire une Messaline, car c'est une faute qu'une femme ne pardonne guères : tout autre outrage trouve grace à ses yeux, & l'on n'est jamais coupable auprès du sexe quand on sait réparer ses torts avec énergie.

> Oscula da flenti, Veneris da gaudia flenti
> 　Pax erit, hoc uno solvitur ira modo.
> Cum bene saevierit, cum certa videbitur hostis
> 　Tunc pete concubitus foedera, mitis erit.
> Illic depositis habitat concordia telis
> 　Illo, crede mihi, gratia nata loco est.
> Ergo age, & iratae medicamina fortia praebe,
> 　His ubi peccares restituendus eris.
> (Ovid. de art. am. lib. 2.)

N. XLVI.

Titus à table avec la Reine Bérénice.

VESPASIEN père de Titus, fut un homme fage & très-réfervé dans fes moeurs : après la mort de fa femme il s'attacha à la belle Cénis affranchie d'Antonia, & même étant devenu Empereur, il la tint dans fon palais, prefque avec les honneurs d'une époufe légitime : il furvécut à Cénis, & lui fubftitua d'autres concubines, dont il ufoit avec fobriété après qu'il avoit expédié les affaires les plus importantes: *Geftationi & quieti vacabat, accubante aliqua pallacarum quas in defunctae locum Cenidis plurimas conftituerat.* (Suet.) Il étoit alors d'une humeur fort enjouée, & ceux qui l'environnoient favoient bien profiter de ces inftans de repos & de gaieté : il aimoit les bons mots, & en difoit quelquefois de très-plaifans; un jour qu'il avoit admis dans fon lit une femme qui l'en avoit prié avec beaucoup d'empreffement, comme fi elle ne pouvoit vivre fans lui, Vefpafien qui n'étoit pas la dupe de toutes ces fimagrées, interrogé le lendemain par fon intendant de quelle façon il coucheroit fur fon livre de comptes la fomme qu'on avoit donné à cette femme , répondit en riant: *Vefpafiano adamato.* Et fur la fin de fes jours , fe voyant dépérir à chaque inftant, il badinoit avec fes amis fur les honneurs qui l'attendoient après fes funérailles , & difoit : « Je m'apperçois que je deviens » Dieu ».

Titus fon fils , qui lui fuccéda , aimoit beaucoup les plaifirs , & s'y étoit adonné du vivant de fon père avec tout l'emportement de la jeuneffe , au point que les Romains craignoient beaucoup fon luxe , & l'accufoient de paffer les nuits entières dans la débauche : fes amours avec Bérénice Reine de Judée étoient connus de tout le monde : cette aimable Princeffe idolâtroit Titus, & en étoit adorée ; elle avoit tous les charmes de fon fexe, beaucoup d'efprit , tendre , magnifique , & d'une libéralité digne de fon rang ; Titus paffoit auprès d'elle tout le temps qu'il pouvoit dérober à fes grandes occupations. Tous les deux enivrés d'amour, ils fe promettoient la plus heureufe deftinée : Titus lui avoit même promis de l'époufer, & dans cette efpérance , ils cherchoient à l'envi à fe donner les plus vives preuves de leur tendreffe & les fêtes les plus brillantes : leurs foupers

étoient élégans, fomptueux & magnifiques;
le goût, la volupté & cette débauche modérée
qui peut s'allier avec l'amour véritable y préfi-
doient; les bouffons, les eunuques & des jeunes
gens de l'un & de l'autre fexe y étoient admis,
ils étoient nus, & leurs charmes étoient expofés
aux yeux de tous les convives, Titus & Bérénice
oublioient tout l'univers dans les bras l'un de
l'autre & au milieu de tous ces plaifirs, & c'eft
un femblable repas que le graveur a repréfenté
fur ce camée, l'on les y voit l'un & l'autre à
table entourés d'eunuques, de danfeurs & de
danfeufes dans des attitudes très-lafcives.

Parmi les jeunes garçons qui fervoient dans
ces repas ceux d'Alexandrie étoient les plus
chéris : on les appelloit, felon Lucien, les
délices de la table; & Capitolin, dans la vie
de l'Empereur Vérus, écrit : *Adduxerat fecum
& fidicinas & libicines, & hiftriones, fcurrafque
mimarios, & praeftigiatores, & omnia mancipiorum
genera, quorum Syria, & Alexandria pafcitur
voluptate.*

Les anciens en général aimoient beaucoup
d'être fervis par des enfans bien faits :

> . . . . *ut omnes
> Praecincti rectè pueri comptique miniftrent?*
> *(Horat. Sat. 8.)*

Il y avoit même des écoles où l'on les élevoit avec tout le soin possible , & l'on choisissoit les plus jolis : *Hinc puerorum perspicuos cultu atque forma greges*, dit Sénèque, *Ep.* 113 ; & Ciceron en fait mention au livre 2 , de finibus : *Adsint etiam formosi pueri qui ministrent.* On y joignoit de jeunes filles très-belles , & l'on étoit ainsi servi par Hébé & par Ganymède : Apulée nous en assure , appellant ces filles *Puellae scitulae ministrantes* ; & Phérécratès, dans des vers grecs cités dans Pétrone , dit que ces garçons & ces filles étoient la main & les yeux des repas , c'est-à-dire que leur ministère à table étoit accompagné du plaisir de voir leurs charmes & leurs beautés exposées sans voile aux regards de tous les conviés.

N. XLVII.

Titus faisant ses adieux à la Reine Bérénice.

Médaille.

LES craintes & les soupçons des Romains sur le caractère de Titus, s'évanouirent au moment qu'il fut maître de l'Empire : toutes les vertus l'accompagnèrent sur le trône, & ne l'abandonnèrent qu'avec la vie, il mérita le titre bien flatteur d'être l'amour & les délices du genre humain; mais malheureusement sa vie fut trop courte pour le bonheur du monde, & l'on put dire avec raison alors ce que Virgile dit au liv. 6 de l'Enéide à l'occasion d'un Prince enlevé à la fleur de son âge :

.... Nimium vobis romana propago
Visa potens superi, propria haec si dona fuissent.

Le changement qui fut le plus remarqué en lui, ce fut sa conduite à l'égard de Bérénice : cette Reine charmante, si digne de toute la tendresse de l'Empereur, & dont il étoit toujours éperduement amoureux, se flattoit que le moment de sa félicité étoit enfin arrivé; mais Titus, qui savoit que les Romains avoient les yeux fixés sur lui, que ce moment alloit décider de l'idée qu'ils devoient concevoir de lui, eut le courage de surmonter sa passion, & de sacrifier son bonheur aux loix de Rome & à la tranquillité de l'empire, &

il la renvoya peu de jours après son exaltation : *Titus reginam Berenicem dimisit*, *invitus*, *invitam*. La Reine partit le désespoir dans le cœur, Titus n'étoit pas moins affligé ; mais il conserva sa dignité dans les tendres adieux qu'il fit à Bérénice ; les Romains applaudirent à cette action héroïque de l'Empereur, & dès-lors ils se promirent de lui tout le bonheur qu'ils en éprouvèrent dans la suite : & peut-être que si Titus se fût obstiné à garder la Reine, s'il avoit osé l'épouser, jamais les Romains ne l'auroient souffert ; on sait en effet l'aversion qu'ils avoient pour tout ce qui portoit le nom de Roi, & aucun de ces méchans Empereurs qui régnèrent avant Titus, & qui leur firent éprouver les horreurs du plus affreux esclavage, aucun n'osa prendre le titre de Roi, ni épouser une Reine. César, le grand César, qui avoit violé toutes les loix pour s'emparer de l'autorité absolue, n'avoit jamais osé porter son despotisme jusqu'à se déclarer l'époux de Cléopatre, quoiqu'il eût d'elle un fils, & qu'il souhaitât passionnément de laisser un héritier & un successeur de son sang. Marc Antoine, qui n'eut pas cette délicatesse & cet égard pour l'orgueil des Romains, fut abandonné de tous ses amis, & déclaré l'ennemi du peuple romain dès qu'on apprit qu'il avoit reconnu Cléopatre pour sa femme, qu'il avoit désigné pour ses successeurs les enfans qu'il en avoit eu, & qu'il alloit combattre pour faire régner une Reine d'Egypte sur le Capitole :

. . . . dum Capitolio
Regina dementes ruinas
Funus , & Imperio parabat.
(*Horat. Od.* 37 , *lib.* 1.)

Lucain s'exprime avec encore plus d'enthoufiafme , &
dit que le fort de la bataille fut long-temps douteux près
d'Actium , & que pendant quelques inftans une Reine ,
qui n'avoit pas même l'honneur d'être matrone Romaine , faillit à devenir la maîtreffe de l'univers.

Leucadioque fuit dubius fub gurgite cafus
Au mundum ne noftra quidem matrona teneret.
(*Lucan. Pharf. lib.* 10.)

Plutarque , dans la vie d'Antoine , fait là-deffus une réflexion très-judicieufe ; quelle grande idée , dit-il , ne
falloit-il pas avoir d'Antoine & des Romains en général , pour trouver indigne de lui un mariage avec une
Reine , qui en magnificence , en richeffes , en nobleffe
& en gloire , furpaffoit tous les Rois de fon temps ? Mais
les Romains fur cet article furent toujours inflexibles ,
& l'on vit même des quefteurs ou des affranchis recherchés par des Reines , les refufer , ou devenir eux
& leurs femmes les objets du mépris public lorfqu'ils
les époufèrent. Cornélie , mere des Gracques , fe crut
offenfée quand Ptolomée Roi d'Egypte la demanda en
mariage après la mort de fon époux Tibère , & du temps
d'Augufte le peuple Romain eut beaucoup de peine à
confentir que la jeune Cléopatre époufât Juba Roi de
Mauritanie , parce qu'elle étoit fille d'Antoine , quoiqu'elle eût une Reine pour mère. Un Citoyen Romain
fe croyoit bien au-deffus de tous les Rois de la terre , &

rien n'a tant contribué à rendre les Romains invincibles que cette grandeur d'ame qui leur faifoit méprifer tout ce qui n'étoit pas Rome : la patrie & la gloire, voilà les deux divinités à qui un Romain facrifioit.

> Vincit amor patriae, laudumque immenfa cupido.
>> (*Virg. Aeneid. lib. 6.*)

Et Horace, tout rempli de la grandeur & de la majefté du nom Romain, s'écrie :

> Milefne Craffi conjuge barbará
> Turpis maritus vixit !
>> (*Od.* 5. *lib.* 3.)

Les jeunes filles avoient la même hauteur & les mêmes fentimens : pendant le fiége d'Utique, dans ce moment où les affaires de Caton étoient défefpérées, une de fes filles recherchée en mariage par un Roi d'Afrique, fon allié, bleffée de fa hardieffe, ofa fe plaindre, fi nous en croyons Valère Maxime, de ce qu'un barbare, un chef d'efclaves, ofoit porter fes vues fur une fille de Caton, fur une citoyenne Romaine, fur une Dame qui refpira dès fa naiffance la liberté & l'air triomphant du Tibre & du Capitole : Cynéas avoit bien raifon d'appeller le Sénat une affemblée de Rois, & le peuple Romain mérita bien ce grand titre qu'on lui donna, *Populum late regem, terraeque dominatorem*. Virgile en a tracé dans peu de vers un portrait digne de la majefté de l'original :

> Tu regere imperio populos, Romane, memento
> Hae tibi erunt artes ; victis imponere morem
> Parcere fubjectis, & debellare fuperbos.
>> (*Aeneid. lib. 6.*)

N. XLVIII.

Domitien Empereur, entre Domitia sa femme, & Julie sa nièce : il embrasse Domitia, & repousse Julie.

JAMAIS l'on ne répandit de larmes si sincères & si abondantes que celles que versèrent les Romains aux funérailles de Titus : ce bon Empereur ne régna que trois ans ; une maladie lente & inconnue le consuma peu à peu, & l'on ne douta point que son frère Domitien n'eût contribué à avancer la fin d'une si belle vie. Titus se plaignant avec douceur de la cruauté de sa destinée, ne se repentoit que d'une seule faute : on a beaucoup cherché qu'elle étoit cette faute ; quelques-uns ont osé soupçonner que c'étoit un commerce criminel avec Domitia sa belle-sœur, dont il s'accusoit ; mais les plus sages & les plus éclairés ne doutoient pas que ce fût de n'avoir pas prévenu les desseins d'un frère si méchant, & d'abandonner l'empire à ce monstre : en effet Domitien, qui lui succéda, méritoit ce titre odieux ; son adolefcence avoit été infame , & Clodius Pollion confervoit une de fes lettres par laquelle il offroit de s'abandonner une nuit à fes careffes ; d'autres l'ont accufé de s'être proftitué à Nerva qui fut enfuite fon fucceffeur. A peine eut-il été déclaré Céfar, qu'il fe conduifit en maître avec un tel defpotifme , qu'on put dès-lors prévoir ce qu'il feroit un jour ; il diftribua vingt emplois dans une feule journée, & Vefpafien fon père difoit là-deffus affez plaifamment , « Qu'il s'étonnoit que fon fils ne lui nommât » pas un fucceffeur ».

Domitien étoit d'une belle figure , mais il perdit fes cheveux de bonne heure, & en fut très-fâché : il n'eut que cela de commun avec le grand Céfar ; il fouffroit ce malheur avec tant d'impatience, qu'il ne vouloit pas même qu'on badinât les autres fur cet article ; cependant dans un petit écrit qu'il compofa fur le foin qu'on doit prendre des cheveux, il dit à l'ami à qui il l'adreffa, pour le confoler de leur commune difgrace, *Nonne vides quam ego & pulcher & magnus ? eadem me tamen manent capillorum fata & forti animo fero comam in adolefcentia fenefcentem. Scias nec gratiùs quidquam decore, nec breviùs.* (Sueton.) Un ancien poëte grec dit que les beaux cheveux font les délices des jeunes filles ; mais chez les Romains les hommes en étoient pour le moins auffi vains que les femmes, & nous lifons dans Pétrone une plainte bien touchante fur quelqu'un à qui ils étoient tombés :

Quod fummum formae decus eft , cecidere capilli :
   Vernantefque comas triftis abegit hiems.
Nunc umbra nudata fua jam tempora moerent.
   Areaque attritis nitet adufta pilis.

Domitien avoit tous les vices , mais il étoit fur-tout impudique & cruel ; après qu'il eut abufé de plufieurs matrones très-refpectables , il fe maria à Domitia après l'avoir enlevée à Aelius Lamia fon époux : il en fut fi paffionné qu'il refufa d'époufer Julie fille de fon frère , qui l'aimoit, & que Vefpafien & Titus vouloient lui donner. Il fut inébranlable , & il fut chercher à Julie un autre époux ; c'eft à ce trait d'hiftoire que fait allufion ce camée de Parthénius. Cette Domitia qu'il préféroit à Julie étoit une débauchée, qui s'étoit livrée à Pâris fameux hiftrion , avec lequel elle entretenoit un commerce fcandaleux & public : Domitien en fut informé , & la répudia ; mais peu de temps après, ne pouvant vivre fans elle, il la rappella, feignant d'en avoir été fupplié par le peuple , & il conferva toujours , malgré fes fréquentes débauches, beaucoup d'amour pour cette femme impudique , dont il n'étoit affurément point aimé. Quoique l'Empereur eût fait mourir Pâris, & même un de ses disciples qui étoit innocent, mais parce qu'il ressembloit à son maître, elle ne cessa de le déshonorer par ses adultères, & les pantomimes, les histrions & les comédiens étoient ses favoris ; en cela elle suivoit le goût de plusieurs Impératrices & d'autres Dames romaines qui étoient passionnées pour ces sortes de gens : nous en avons rapporté plusieurs exemples, & il est inutile d'en citer davantage ; mais l'exemple de Domitia, qui malgré ses vices & ses infidélités régna toujours sur le coeur de Domitien, est une preuve que l'amour est aveugle & sans raison : les anciens expliquoient tout cela par l'allégorie de l'amour armé de traits d'or & de plomb, & par un tableau agréable où ce petit Dieu suivoit les yeux bandés la folie qui le guidoit ; c'est à cela que fait allusion cette épigramme grecque de Rufin que l'on trouve dans l'anthologie, & dont voici la traduction :

> Siquidem in utrumque aequales amor sagittas tendis
> *Deus es ;* si vero inclinas ad partem, non es Deus.

Et cette autre d'Agathias, adressée à un amant qui avoit témoigné de la prudence dans sa passion, & dont voici la fin :

> Cognovisti ; non amas, mentitus es ; quomodo potest enim
> Anima insanire rectè ratiocinanti ?

N. XLIX.

Domitien aux genoux de Julie, qui le repousse à son tour, & lui fait signe de s'attacher à Domitia, qui en même temps embrasse un jeune danseur dont elle étoit éprise.

Médaille.

Domitien refusa d'aimer & d'épouser Julie, quand il le pouvoit sans crime ; & à peine fut-il le maître qu'il vécut avec elle comme avec sa femme, couchant avec sa nièce, & en même temps avec Domitia. Julie résista long-temps, & le refusoit à son tour : elle lui faisoit, par mépris, regarder Domitia dans les bras de ses amans, & ne céda enfin que par force aux empressemens d'un homme qui pouvoit tout ce qu'il vouloit ; c'est ce contraste de Julie, de l'Empereur & de Domitia qu'on a sans doute voulu représenter dans cette belle médaille. Domitien ne jouit pas long-temps de son crime, il voulut la forcer à perdre le fruit qu'elle avoit conçu de lui, & la malheureuse Julie succomba

ſous la violence des remèdes qu'on lui donnoît :
*Fratris filiam ardentiſſimè palamque dilexit ; ut
etiam cauſſa mortis extiterit , coactae conceptum a
ſe abigere.*

Les jeunes filles ont été de tout temps
accuſées d'un tel crime , ou pour cacher leur
déshonneur , ou pour éviter les douleurs de
l'accouchement, ou même pour conſerver leur
beauté ; Ovide s'en plaint amérement :

> Scilicet ut careat rugarum crimine venter
>   Sternetur pugnae triſtis arena tuae.
> Si mos antiquis placuiſſet matribus idem ,
>   Gens hominum vitio deperitura fuit ! . . . . .
> Veſtra quid effoditis ſubjectis viſcera telis ?
>   Et nondum natis dira venena datis ? . . . . .
> At tenerae faciunt , ſed non impunè , puellae ,
>   Saepe ſuos utero quae necat , ipſa perit.
>
> (*Ovid. amor. lib.* 1.)

Domitien fut ſenſible à cette mort qui le
rendit très-odieux au peuple Romain. Julie
étoit adorée comme la fille du bon Titus ; ce
bon Prince n'avoit point laiſſé d'enfant mâle ,
& Julie étoit tout ce qui reſtoit de lui : ſes
funérailles furent très-ſolemnelles , & le peuple
ne ceſſa de pleurer ſur l'extinction de la maiſon
de Titus , & de maudire Domitien : il en fut
ſi piqué , qu'il devint plus cruel que jamais ;
les louanges qu'on donne aux gens de bien
paroiſſent des reproches aux méchans qui n'en

deviennent que plus furieux : en effet, l'Empereur jaloux de la tendreſſe qu'on avoit pour ſon couſin Flavius & ſes enfans, & bien certain d'être en horreur à tout le monde, fit mourir Flavius & toute ſa famille ſur des ſoupçons très-légers ; il auroit voulu être le deſtructeur du genre humain, & un jour que quelqu'un diſoit en ſa préſence ce mot connu, *Me mortuo miſceatur terra igni* ; il répondit comme Néron, *Immò, inquit, me vivo.*

Si l'on excepte Auguſte, qui ne paroît pas avoir eſſuyé aucun affront de la part de Livie, on ne trouvera aucun Empereur qui n'ait été déshonoré par ſa femme : Céſar fut obligé de répudier la ſienne à cauſe de ſon commerce avec Clodius : Julie fut ſi débauchée que Tibère, ne pouvant la ſouffrir & n'oſant l'accuſer, prit le parti de ſe retirer à Rhodes : Céſonie femme de Caligula, Meſſaline & Agrippine de Claude, Poppea de Néron, & Domitia de Domitien, furent les plus infames proſtituées de leur temps. Et comment auroient-elles pu être chaſtes & vertueuſes dans un ſiècle ſi corrompu, avec des maris qui s'abandonnoient à toutes ſortes d'abominations, dans une cour voluptueuſe & au milieu de tous les plaiſirs que Juvénal appelle avec raiſon *Veneris irritamenta?* Auſſi la dépravation dans le ſexe fut ſi universelle, qu'une femme honnête & réservée étoit un prodige , aussi rare qu'un homme vertueux.

> Unus Iberinae vir sufficit ! ocius illud
> Extorquebis , ut haec oculo contenta sit uno.....
> Porticibusne tibi monstratur femina voto
> Digna tuo ? cuneis an habent spectacula totis
> Quod securus ames , quodque inde excerpere possis ?
>
> (*Juven. Sat. 6.*)

Les femmes étoient si corrompues & si hardies, qu'elles n'avoient plus ni pudeur ni décence ; elles se faisoient une gloire de leurs débauches , & il falloit que leurs amans, plus discrets , les priassent , non d'être chastes & fidelles, mais au moins de garder les bienséances :

> Non ego , ne pecces, cum sis formosa , recuso,
>   Sed ne misero scire necesse mihi.
> Nec te nostra jubet fieri censura pudicam ,
>   Sed tamen ut tentes dissimulare , rogat.
> Quis furor est, quae nocti latent , in luce fateri ,
>   Et quae clam facias facta referre palam.
>
> (*Ovid.*)

Aussi Sulpicie écrivoit-elle publiquement :

> Tandem venit amor , qualem texisse pudori
>   Quam nudasse alicui sit mihi fama magis.
> Exorata meis illum Cytherea Camoenis
>   Attulit in nostrum , deposuitque sinum......
> Sed peccasse juvat ; vultus componere famae
>   Taedet , cùm digno digna fuisse ferar.
>
> (*Tibull. lib. 4 , Eleg. 7.*)

N. L.

Domitien qui nage au milieu d'une troupe de femmes.

Peinture antique.

Suetone, qui a parlé avec une espèce d'affectation & de complaisance de l'extrême lubricité de Tibère, de Caligula & de Néron, & qui a fait des descriptions très-détaillées des débauches de ces Princes, s'est expliqué avec encore plus de clarté & de précision sur l'article de Domitien ; voici ses paroles, qui font le sujet de cette peinture assez bien conservée, par laquelle l'on a jugé à propos de terminer ce recueil : Domitien étoit, dit-il dans sa vie, *Libidinis nimiae, assiduitatem concubitus velut exercitationis genus, clinopalen vocabat. Eratque fama, quasi concubinas ipse divelleret, nataretque inter vulgatissimas meretrices.* Cette singulière idée de considérer l'usage des plaisirs de Vénus comme un exercice du corps, tel que le besoin de boire & de manger, a été du goût de plusieurs anciens qui ne regardoient guères les femmes que comme un meuble d'usage, & Plutarque paroît accuser là-dessus assez directement

N. 50.

Caton le Cenſeur ; ce même philoſophe n’a pas dédaigné d’examiner quelle heure étoit la plus favorable aux plaiſirs de l’amour , & il ſe décide pour le matin après que le corps a puiſé dans le repos une vigueur nouvelle. Les Lacédémoniens avoient une loi qui obligeoit les maris à coucher au moins cinq fois chaque mois avec leurs femmes , & tous les hommes jeunes & vieux y étoient ſoumis : c’eſt encore le même Plutarque qui nous l’apprend ; aſſurément les femmes ne ſeroient pas toutes ſatisfaites de la modération de Sparte , elles aimeroient mieux des Domitiens *qui aſſiduitatem concubitus exercerent*. Elles ſont foibles & délicates , mais elles ſont infatigables dans les plaiſirs de Vénus , elles s’y fatiguent moins que les hommes , & y jouiſſent cependant bien davantage ; auſſi Tiréſias ne méritoit pas d’être puni par Junon pour avoir décidé en faveur du ſexe dans la diſpute qu’elle avoit à ce ſujet avec Jupiter : le ſénat des Dames romaines , conſulté par Meſſaline , répondit qu’une femme n’avoit pas droit d’exiger d’un homme au-delà de ſept preuves de ſon amour ; c’eſt beaucoup , & il eſt permis de douter qu’il y ait aſſez de jeunes gens en état de s’en acquitter exactement ; Ovide ſe vante un peu , quand pour ſe juſtifier d'une mauvaife contenance qu'il avoit eue avec fa maîtreffe , il affure :

> At nuper bis flava Chloe , ter candida Pitho ,
> Ter Libas officio continuata meo eft.
> Exigere a nobis angufta noĉte Corinnam
> Et memini numeros fuftinuiffe novem.

L'hiftoire de Poliénus , dans Pétrone , eft très-plaifante ; & la belle Circé , trompée deux fois , fe vengea cruellement fur fon amant : *Qui truncus iners jacuerat & inutile lignum.* Tous les connoiffeurs font d'accord qu'une femme , fans être une Meffaline , une Théodora , une Zoë , eft en état de fatisfaire plufieurs galans ; & jamais , ni Hercule , ni Adonis , ni les plus grands favoris de Vénus n'égaleront les trois Princeffes que nous venons de nommer , & fur-tout Meffaline qui fatigua , felon Pline , quatorze athlètes très-vigoureux , & fortit victorieufe d'un fi rude combat.

La pudeur eft un frein , dit J. J. Rouffeau , que la nature a donné au fexe ; fans cela , le befoin , l'amour , le plaifir qu'elles reffentent , bien plus vif & plus multiplié que les hommes , en feroient des proftituées : ajoutez à cela leur délicateffe , leur plus grande fenfibilité , leur folitude , leur oifiveté , la frivolité de leurs occupations , la féduction des hommes , &

l'on cessera d'être surpris que l'amour soit si puissant sur les femmes, & les entraîne souvent dans les plus grands désordres. Ovide, qui les connoissoit, n'avoit pas tort de dire :

Utque viro furtiva Venus, sic grata puellae est,
  Vir malè dissimulat, tectius illa cupit.
Conveniat maribus, ne quam nos ante rogemus
  Foemina jam partes victa rogantis aget.
Parcior in nobis, nec tam furiosa libido est.

L'auteur grec de l'épigramme suivante en donne une raison très-plausible, au moins pour le temps où les Dames vivoient très-retirées :

Juvenibus non est tantus amor qualis nobis
  Pusillanimibus adest mulieribus.
His enim adsunt aequales, quibus curarum
  Dolores dicunt sermone confidenti
Ludicraque circumstant solatia, & circa vicos
  Errant tabularum picturis vagabundi
Nobis vero neque lucem videre fas est, sed aedibus
  Abscondimur, tenebricosis curis contabefactae.

(Agath. Epigr. 42 , lib. 7.)